管·理·落·地·笔·记·系·列

酒店管理
极简落地工作图解

时代华商企业管理培训中心 组织编写

Minimalist Landing
Work Diagram

化学工业出版社

·北京·

内容简介

《酒店管理极简落地工作图解》一书内容涵盖了酒店管理的多个方面,包括酒店管理概述、对客服务管理、人力资源管理、财务管理、营销推广管理、客户关系管理、安全管理、危机管理、服务质量管理、创新与发展等。

本书通过图表解析的形式,将复杂的管理工作变得直观易懂,让读者能够一目了然地掌握各项工作的关键要点和操作流程。

本书可供酒店管理人员、客服人员、人力资源专员、财务工作者、市场营销人员、安全管理人员、服务质量监督员,以及对酒店管理有兴趣的各界人士阅读参考。

图书在版编目（CIP）数据

酒店管理极简落地工作图解 / 时代华商企业管理培训中心组织编写. -- 北京：化学工业出版社，2025. 5.（管理落地笔记系列）. -- ISBN 978-7-122-47608-1

Ⅰ. F719.2-64

中国国家版本馆CIP数据核字第20255G8D49号

责任编辑：陈　蕾　　　　　　　　　　　　文字编辑：李　彤
责任校对：王鹏飞　　　　　　　　　　　　装帧设计：溢思视觉设计／程超

出版发行：化学工业出版社（北京市东城区青年湖南街13号　邮政编码100011）
印　　装：三河市双峰印刷装订有限公司
787mm×1092mm　1/16　印张15¼　字数297千字　2025年6月北京第1版第1次印刷

购书咨询：010-64518888　　　　　　　　　售后服务：010-64518899
网　　址：http://www.cip.com.cn
凡购买本书，如有缺损质量问题，本社销售中心负责调换。

定　　价：78.00元　　　　　　　　　　　　　　　　　　　　版权所有　违者必究

前言

在当今竞争激烈的酒店行业中,经营一家酒店绝非易事。从品牌建设、战略规划、营销引流,到服务管理、餐饮管理、卫生管理等,一系列事务繁杂而琐碎。然而,无论事务多么烦琐,酒店管理的核心始终是提供优质的服务,确保客人满意,从而赢得回头客和口碑。

为了实现这一目标,酒店管理需要追求极简和高效。极简管理不仅意味着去除冗余环节,更重要的是将复杂的事情简单化,将简单的事情流程化,将流程标准化,最终将标准制度化。这种管理方式能够降低管理成本,提高运营效率,同时保证服务质量的稳定性和一致性。

本书正是基于这一理念而编写的。我们希望通过图解的方式,直观、清晰地展示酒店管理的各个环节和流程,帮助酒店管理者和员工快速理解和掌握。同时,我们也希望通过这本书,引导酒店管理者和员工树立极简管理的思维,将复杂的管理问题简化为可执行的操作步骤,从而确保管理计划落地和管理效果显现。

本书的特色与优势主要体现在以下几个方面。

◇极简风格:本书采用极简主义风格,去除冗余内容,只保留最核心、最实用的酒店管理知识和技巧,方便酒店管理人员快速查阅和学习。

◇实战导向:本书紧密结合酒店管理的实际情况,通过大量实际案例和经验分享,帮助酒店管理人员更好地理解和应用酒店管理知识。

◇系统全面:本书覆盖了酒店管理工作的各个方面,从酒店管理的内容、关键要素、组织机构到酒店各项内容的执行,为酒店管理人员提供了一套完整的工作体系。

◇易于落地:书中的方法和工具都经过精心筛选和验证,具有很强的可操作性和可落地性,酒店管理人员可以直接应用于实际工作中。

本书的内容涵盖了酒店管理的多个方面,包括酒店管理概述、酒店对客服务管理、酒店人力资源管理、酒店财务管理、酒店营销推广管理、酒店客户关系管理、酒店安全管理、酒店危机管理、酒店服务质量管理、酒店创新与发展等。通过图解的形式,将复杂的管理工作变得直观易懂，让读者能够迅速掌握各项工作的关键要点和操作流程。

在编写过程中，我们注重实用性和可操作性，力求做到内容精练、语言简洁、图表清晰。同时，我们也充分考虑了不同规模和类型的酒店管理需求，使本书具有广泛的适用性和参考价值。

我们相信，本书将成为广大酒店管理者提升管理水平、优化工作流程、提高工作效率的重要工具。最后，感谢所有为本书编写和出版付出辛勤努力的同仁们，以及广大读者的支持和关注。愿本书能够成为您酒店管理道路上的得力助手，助您走向成功。

编 者

目 录

导读一　酒店管理提升课程安排 ································· 1

导读二　酒店管理人员学习指南 ································· 3

导读三　培训老师使用指南 ····································· 4

第一章　酒店管理概述 ·· 5

第一节　酒店认知 ·· 6

一、酒店的特点 ·· 6

二、酒店的等级 ·· 6

三、酒店的类别 ·· 7

四、酒店提供的服务 ·· 8

五、酒店管理的内容 ·· 9

第二节　酒店管理关键要素 ··································· 10

一、酒店组织架构设计 ····································· 10

二、酒店制度化管理 ······································· 14

三、酒店流程化管理 ······································· 17

四、酒店标准化管理 ······································· 20

五、酒店管理系统建设 ····································· 22

第二章　酒店对客服务管理 ··································· 27

第一节　前厅接待与服务 ····································· 28

  一、预订服务 ··· 28
    相关链接　如何建立客户档案 ····································· 29
  二、咨询服务 ··· 31
  三、客房分配 ··· 32
  四、投诉处理 ··· 34
  五、环境管理 ··· 40
 第二节　客房服务与管理 ··· 43
  一、客房卫生管理 ··· 43
  二、客房设备管理 ··· 45
  三、客房布草管理 ··· 47
  四、客房易耗品管理 ··· 49
  五、规范客房服务流程 ··· 50
  六、强化客房服务态度 ··· 52
 第三节　餐饮服务与管理 ··· 54
  一、改善餐饮环境 ··· 54
  二、推行标准化管理 ··· 56
  三、注重菜品创新 ··· 58
  四、优化菜单设计 ··· 59
  五、菜品合理定价 ··· 60
    相关链接　常见的菜品定价方法 ································· 61

第三章　酒店人力资源管理 ··· 63

 第一节　员工招聘管理 ··· 64
  一、招聘需求确定 ··· 64
  二、制订招聘计划 ··· 66

三、发布招聘信息 ·· 67
　　四、简历筛选 ··· 68
　　五、面试选拔 ··· 69
　　六、录用和入职 ·· 71

第二节　员工培训管理 ·· 72
　　一、培训需求分析 ·· 72
　　二、培训计划制订 ·· 73
　　三、培训实施与监督 ·· 75
　　四、培训效果评估与反馈 ··· 77
　　五、培训成果应用与激励 ··· 78
　　六、培训档案管理 ·· 79

第三节　员工绩效管理 ·· 81
　　一、绩效管理的原则 ·· 81
　　二、绩效管理的内容 ·· 81
　　三、绩效管理的方法 ·· 83
　　四、绩效管理的流程 ·· 85
　　五、绩效管理结果的应用 ··· 86

第四节　员工激励管理 ·· 88
　　一、薪酬与福利激励 ·· 88
　　二、职业发展激励 ·· 89
　　三、荣誉与认可激励 ·· 90
　　四、情感与文化激励 ·· 91

第四章　酒店财务管理 ·· 93

第一节　酒店预算管理 ·· 94

一、明确预算管理目标 ·· 94
　　二、编制科学合理的预算 ·· 94
　　三、建立预算管理制度 ·· 96
　　四、加强预算执行与监控 ·· 98
　　五、强化预算考核与激励 ·· 99
　　六、引入先进管理工具和技术 ·· 100

第二节　酒店成本控制 ·· 101
　　一、酒店成本的构成 ·· 101
　　二、采购成本控制 ·· 102
　　三、人力成本控制 ·· 104
　　四、客房易耗品成本控制 ·· 105
　　五、餐饮成本控制 ·· 107
　　六、能耗成本控制 ·· 108

第三节　酒店资金管理 ·· 111
　　一、建立健全资金管理制度 ·· 111
　　二、优化资金结构 ·· 112
　　三、优化库存管理 ·· 113
　　四、提高资金使用效率 ·· 115

第四节　酒店财务风险管理 ·· 116
　　一、应收账款风险识别与防范 ·· 116
　　　　相关链接　酒店如何避免呆账和坏账 ·· 118
　　二、收入管理风险识别与防范 ·· 120
　　三、支出管理风险识别与防范 ·· 121

第五章 酒店营销推广管理 123

第一节 市场分析与定位 124
一、市场调研 124
二、市场细分 125
三、市场定位 127

第二节 营销策略与计划 128
一、产品策略 128
二、渠道策略 129
三、促销策略 130
四、价格策略 132
五、营销计划制订 133

第三节 品牌建设与推广 135
一、品牌形象设计 135
二、品牌传播 136
三、品牌合作与联盟 138
四、品牌忠诚度建设——会员制度 139

第六章 酒店客户关系管理 141

第一节 客户信息收集与分析 142
一、客户信息收集 142
二、客户信息分析 143
三、客户信息应用 144

第二节 客户关系建立与维护 145
一、了解客户需求 145

二、建立有效沟通渠道 ··· 147

　　三、实施客户关怀策略 ··· 148

　　四、提升客户忠诚度 ··· 149

　　五、定期回访客户 ··· 150

第七章　酒店安全管理 ·· 152

第一节　安全管理体系建立 ·· 153

　　一、酒店安全的四个层面 ··· 153

　　二、建立安全网络 ··· 153

　　三、进行安全检查 ··· 155

　　四、运用监视系统 ··· 156

　　五、安全联防 ··· 156

第二节　消防安全与应急处理 ·· 156

　　一、建立健全消防安全责任制 ······································· 156

　　二、完善消防设施 ··· 157

　　三、加强电气线路与厨房安全管理 ··································· 158

　　四、开展日常巡查与检查 ··· 159

　　五、加强消防安全培训与演练 ······································· 159

　　六、制定消防安全管理制度与应急预案 ······························· 160

　　七、火灾应急处理流程 ··· 160

第三节　食品安全与卫生管理 ·· 162

　　一、原料采购与储存管理 ··· 162

　　二、食品加工与操作管理 ··· 164

　　三、餐具清洗与消毒管理 ··· 165

　　四、废弃物处理与卫生检查 ··· 166

　　　　五、从业人员培训与健康管理 …………………………………… 167

　　　　六、监督与检查 …………………………………………………… 168

　第四节　客房安全与隐私保护 …………………………………………… 170

　　　　一、制定安全管理制度 …………………………………………… 170

　　　　二、完善设施设备 ………………………………………………… 171

　　　　三、加强安全管理巡查 …………………………………………… 172

　　　　四、加强安全培训与演练 ………………………………………… 173

　　　　五、建立跨部门协作机制 ………………………………………… 174

　　　　六、保护客人隐私安全 …………………………………………… 175

第八章　酒店危机管理 ……………………………………………………… 177

　第一节　危机识别与预警 ………………………………………………… 178

　　　　一、酒店危机的类型 ……………………………………………… 178

　　　　二、危机识别 ……………………………………………………… 179

　　　　三、危机预警 ……………………………………………………… 180

　第二节　危机应对与处置 ………………………………………………… 182

　　　　一、危机应对与处置的目的 ……………………………………… 182

　　　　二、危机应对与处置的原则 ……………………………………… 183

　　　　三、危机应对的具体措施 ………………………………………… 183

　　　　　　相关链接　酒店危机管理预案建立和实施的注意要点 …… 184

　　　　四、危机处置的实用技巧 ………………………………………… 186

第九章　酒店服务质量管理 ………………………………………………… 188

　第一节　服务质量概述 …………………………………………………… 189

一、酒店服务质量的概念 ······ 189
　　二、酒店服务质量管理的重要性 ······ 190
　　三、酒店服务质量管理的特征 ······ 191
　　四、影响酒店服务质量的因素 ······ 192

第二节　服务质量提升 ······ 193
　　一、建立完善的服务质量管理体系 ······ 193
　　二、满足客人对酒店的情感需求 ······ 193
　　三、强化全员服务质量意识 ······ 195
　　四、打造精品服务 ······ 196
　　五、认真落实首问责任制 ······ 197
　　六、培育酒店企业文化 ······ 201
　　　　相关链接　酒店服务的4个到位 ······ 202

第三节　服务质量评估 ······ 203
　　一、评估标准 ······ 203
　　二、评估方法 ······ 205
　　三、评估流程 ······ 207
　　四、评估结果的应用 ······ 210

第十章　酒店创新与发展 ······ 213

第一节　酒店行业趋势分析 ······ 214
　　一、市场增长与供需变化 ······ 214
　　二、消费升级与品牌化 ······ 214
　　三、数字化转型与科技创新 ······ 215
　　四、低碳环保与绿色转型 ······ 215
　　五、下沉市场与差异化竞争 ······ 216

第二节　酒店创新策略 ··216
　　一、技术创新 ··216
　　二、服务创新 ··218
　　三、模式创新 ··221
第三节　酒店持续发展规划 ··222
　　一、战略规划与目标设定 ··222
　　二、资源整合与协同发展 ··224
　　三、环境保护与可持续发展 ··226
第四节　社会责任与公益活动 ··229
　　一、诚信经营与依法纳税 ··229
　　二、员工关怀与权益保障 ··229
　　三、社区建设与公益事业 ··230
　　四、文化传承与创新发展 ··230

导读一　　酒店管理提升课程安排

第一章　酒店管理概述

- ☐ 酒店认知
- ☐ 酒店管理关键要素

时间安排：

第二章　酒店对客服务管理

- ☐ 前厅接待与服务
- ☐ 客房服务与管理
- ☐ 餐饮服务与管理

时间安排：

第三章　酒店人力资源管理

- ☐ 员工招聘管理
- ☐ 员工培训管理
- ☐ 员工绩效管理
- ☐ 员工激励管理

时间安排：

第四章　酒店财务管理

- ☐ 酒店预算管理
- ☐ 酒店成本控制
- ☐ 酒店资金管理
- ☐ 酒店财务风险管理

时间安排：

第五章　酒店营销推广管理

- ☐ 市场分析与定位
- ☐ 营销策略与计划
- ☐ 品牌建设与推广

时间安排：

第六章　酒店客户关系管理

- ☐ 客户信息收集与分析
- ☐ 客户关系建立与维护

时间安排：

导读一　　酒店管理提升课程安排

第七章　酒店安全管理

- ☐ 安全管理体系建立
- ☐ 消防安全与应急处理
- ☐ 食品安全与卫生管理
- ☐ 客房安全与隐私保护

　　　　　　　时间安排：

第八章　酒店危机管理

- ☐ 危机识别与预警
- ☐ 危机应对与处置

　　　　　　　时间安排：

第九章　酒店服务质量管理

- ☐ 服务质量概述
- ☐ 服务质量提升
- ☐ 服务质量评估

　　　　　　　时间安排：

第十章　酒店创新与发展

- ☐ 酒店行业趋势分析
- ☐ 酒店创新策略
- ☐ 酒店持续发展规划
- ☐ 社会责任与公益活动

　　　　　　　时间安排：

说明：以上图片可供读者检测自学效果，培训老师也可将其作为课件使用。

导读二　酒店管理人员学习指南

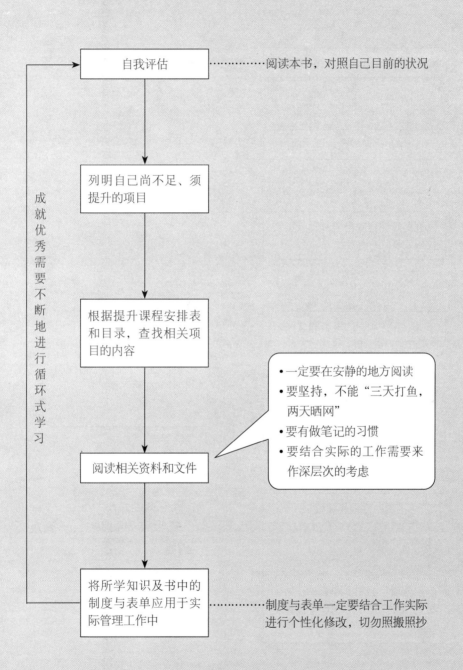

导读三　　培训老师使用指南

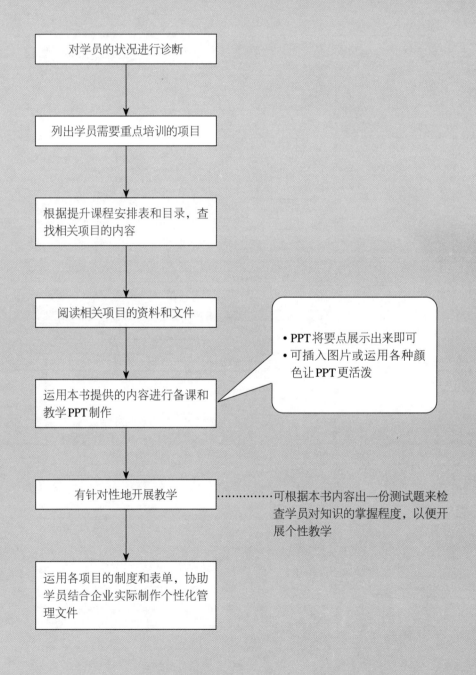

第一章
酒店管理概述

第一节 酒店认知

酒店，又称为宾馆、旅馆、旅店、客店等。从基本定义上来看，酒店是一个为宾客提供安全、舒适的空间，使其能够得到短期休息或睡眠的商业机构。简而言之，酒店就是给宾客提供住宿和饮食的场所。

一、酒店的特点

具体来说，酒店通常具备图 1-1 所示的特点。

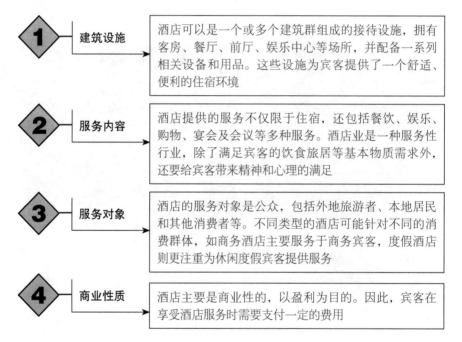

图 1-1 酒店的特点

此外，随着酒店业的不断发展，酒店的种类也呈现出多样化的趋势。从传统的客栈、旅店到现代的豪华酒店、精品酒店等，不同种类的酒店在设施、服务、管理水平等方面都有所不同，以满足不同宾客的多样化需求。

二、酒店的等级

根据《中华人民共和国星级酒店评定标准》，酒店被划分为五个等级，即一星级、二星级、三星级、四星级、五星级，如表 1-1 所示。星级越高，表示酒店的档次越高。

表 1-1　酒店的等级

等级	等级标准说明
一星级酒店	设施简单，提供整洁的客房、基本的餐饮服务等，能满足宾客最基本的住宿需求
二星级酒店	设施比一星级更为完善，除了基本的客房和餐饮服务外，可能还提供一些简单的娱乐设施
三星级酒店	属于中档酒店，设施较为齐全，服务质量也相对较高，通常拥有较为舒适的客房和多种餐饮选择，还可能提供一些商务设施
四星级酒店	设施高档，服务质量上乘，提供完善的客房和餐饮服务，同时拥有较为丰富的娱乐和休闲设施，如健身房、游泳池等
五星级酒店	豪华型酒店，设施和服务均达到国际一流水平，提供高品质的客房、餐饮、娱乐和商务服务，是商务和休闲宾客的理想选择

三、酒店的类别

1. 传统分类法

根据传统分类法，酒店有图 1-2 所示类别。

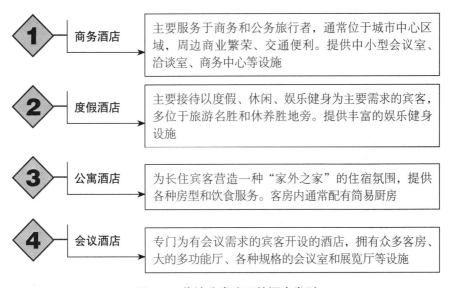

图 1-2　传统分类法下的酒店类别

2. 其他分类法

根据酒店所处地区分类：如城市酒店、城镇酒店、乡村酒店等。
根据酒店附近的交通设施分类：如汽车站酒店、火车站酒店、机场酒店等。

根据主要宾客的留宿时间分类：如长住公寓酒店、短程散客酒店等。

根据酒店的设施、服务方式分类：如自助餐饮服务酒店等。

根据酒店规模分类：如小型酒店（客房数量在 300 间以下）、中型酒店（客房数量在 300～500 间）、大型酒店（客房数量在 500 间以上）等。

此外，还有民宿客栈等类别，它们通常具有独特的风格和当地特色，为宾客提供深入体验当地文化和生活的机会。

四、酒店提供的服务

酒店提供的服务种类繁多，旨在满足不同宾客的多样化需求。表 1-2 是一些常见的酒店服务。

表 1-2　酒店提供的服务

序号	服务名称	分组及责任说明
1	基本住宿服务	（1）客房服务：提供清洁、整齐的客房，包括单人间、标准间、套房等不同类型，以及更换床单、毛巾，整理房间等日常清洁服务 （2）入住与退房服务：前台接待人员负责宾客的入住登记和退房手续，确保宾客顺利入住和离开
2	餐饮服务	（1）餐饮服务：酒店内部的餐厅提供早餐、午餐和晚餐等餐饮服务，包括中式、西式、自助等多种餐饮选择 （2）送餐服务：宾客可以在客房内享受送餐服务，方便快捷
3	商务与会议服务	（1）会议室：提供不同规模的会议室，配备先进的视听设备和专业的会议服务人员，满足宾客的商务会议需求 （2）商务中心：提供打印、复印、传真、电子邮件等商务服务，方便宾客在旅途中处理商业事务
4	休闲娱乐服务	（1）健身中心：提供健身设备、游泳池、桑拿浴室等，让宾客在旅途中保持身体健康 （2）娱乐设施：如 KTV、游戏室等，为宾客提供丰富的娱乐选择
5	个性化服务	（1）叫醒服务：提供电话叫醒服务，确保宾客不会错过重要的会议或航班。部分酒店还提供"二次叫醒"服务，若电话叫醒未果，工作人员会亲自到客房敲门确认 （2）夜床服务：服务人员会在晚上为宾客整理床铺、清理房间，放置拖鞋、瓶装水和小点心，并调整室内灯光，创造一个舒适的休息环境 （3）管家服务：为宾客提供个性化的服务，如提前安排房间、准备玩具、提供宾客喜欢的饮品等 （4）DND 服务："请勿打扰"服务，宾客挂出"请勿打扰"的标志后，酒店员工将不会进入房间进行清理或提供服务，保护宾客的隐私和个人空间

续表

序号	服务名称	分组及责任说明
5	个性化服务	（5）代购服务：宾客可要求酒店代为购买和邮寄床品、洗浴用品或茶具等物品
6	其他服务	（1）接机服务：部分酒店提供接机服务，帮助宾客从机场顺利到达酒店 （2）旅游服务：提供景点门票、导游服务等，方便宾客在当地旅游 （3）行李寄存服务：为宾客提供行李寄存服务，方便宾客在旅途中存放行李 （4）贵重物品保管服务：提供保险箱等设施，确保宾客贵重物品的安全 （5）停车场服务：提供停车场，方便宾客停车 （6）洗衣服务：提供洗衣、熨烫等服务，方便宾客在旅途中清洗衣物 （7）礼宾服务：提供特色礼宾服务，如花瓣浴缸、玫瑰花铺床等，为宾客营造浪漫氛围

五、酒店管理的内容

酒店管理是指酒店管理者在了解市场需求的前提下，为了有效实现酒店的经营目标，遵循一定的原则，运用各种管理方法，对酒店所拥有的人力、物力、财力、信息等资源进行规划、组织、指挥、协调、控制、激励等一系列活动。

酒店管理是一个综合性的过程，涵盖了多个方面，以确保酒店的顺畅运营和提高客户满意度。表1-3是酒店管理的主要内容。

表1-3 酒店管理的主要内容

序号	部门名称	分组及责任说明
1	前台管理	前台是酒店与客户之间的首要接触点。前台管理涉及接待、登记入住、退房结账、处理客户要求等流程。前台员工需要具备良好的沟通技巧、专业知识和解决问题的能力
2	客房管理	客房是酒店的核心产品之一。客房管理包括清洁、维护、布置和检查客房，确保客房干净、整洁、舒适，为客户提供良好的住宿体验
3	餐饮服务管理	酒店内的餐厅和酒吧是提供餐饮服务的重要场所。餐饮服务管理涉及菜单设计、食材采购、烹饪制作、服务标准制定等方面，确保为客户提供美味、优质的餐饮服务
4	设施与设备管理	酒店内设有各种设施和设备，如健身房、游泳池、会议室、电梯等。设施与设备管理包括这些设施的维护、保养和更新，确保它们始终处于良好状态，满足客户的需求

续表

序号	部门名称	分组及责任说明
5	财务管理	财务管理涉及资金的流入和流出。财务管理包括预算制定、成本控制、收入管理、财务报表编制等方面，确保酒店的财务状况健康、稳定
6	人力资源管理	酒店是一个劳动密集型行业，人力资源管理至关重要。这包括招聘、培训、绩效考核、员工关系管理等，确保酒店拥有一支高效、专业的团队
7	市场营销与销售管理	为了吸引更多的客户，酒店需要进行市场营销和销售管理。这包括市场调研、产品定价、促销活动策划、客户关系维护等，以提高酒店的知名度和竞争力
8	安全与卫生管理	确保酒店内部和客户的安全是酒店管理的重要职责。这包括制定安全制度、进行安全培训、定期检查消防设施等。卫生管理也是必不可少的，确保酒店内部的卫生环境符合相关标准，为客户提供安全、卫生的住宿环境
9	客户关系管理	良好的客户关系是酒店持续发展的基础。客户关系管理包括了解客户需求、提供个性化服务、处理投诉等，旨在建立良好的客户关系，提高客户满意度和忠诚度
10	信息传递与沟通管理	酒店内部的信息传递和沟通对于酒店的顺畅运营至关重要。信息传递与沟通管理包括建立有效的沟通渠道、确保信息准确传递、及时处理各种问题等，以提高酒店的工作效率和服务质量

综上所述，酒店管理涉及多个方面，需要酒店管理者具备丰富的知识和技能。通过有效的管理和团队协作，酒店可以提供优质的服务和产品，满足客人的需求，实现酒店的长期发展目标。

第二节 酒店管理关键要素

一、酒店组织架构设计

酒店组织架构设计是确保酒店高效、有序运营的关键环节。酒店的组织架构设计是一个复杂而细致的过程，需要综合考虑酒店的规模、业务需求、人员配置等多个方面。通过合理的组织架构设计，可以确保酒店高效、有序运营，提高客户满意度和酒店的市场竞争力。

1. 组织架构设计的原则

组织架构设计遵循图1-3所示原则。

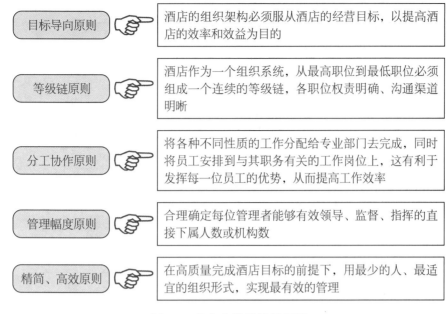

图 1-3　组织架构设计的原则

2. 组织架构设计的步骤

（1）部门划分

常见的酒店部门包括前厅部、客房部、餐饮部、市场销售部、人力资源部、财务部、保安部、工程部等，如表 1-4 所示。这些部门根据酒店的规模和业务需求进行划分，确保各项工作的顺利开展。

表 1-4　酒店的常见部门

序号	部门名称	分组及责任说明
1	前厅部	（1）接待处：负责宾客接待、入住登记、退房结账等工作 （2）预订处：负责处理宾客电话预订、网络预订等工作 （3）礼宾部：负责行李搬运、行李寄存、车辆调度等工作 （4）商务中心：提供传真、复印、打字等商务服务
2	客房部	（1）楼层服务：负责客房的清洁、整理、布置等工作 （2）公共区域清洁：负责酒店公共区域的清洁和保养工作 （3）洗衣房：负责酒店布草、员工制服等的洗涤和熨烫工作 （4）制服房：负责员工制服的发放和管理工作
3	餐饮部	（1）餐厅：提供中餐、西餐、自助餐等不同类型的餐饮选择 （2）酒吧：提供酒水、饮料等饮品 （3）宴会服务：负责各类宴会的策划、布置和服务工作 （4）厨房：负责菜品的制作和加工工作，包括中餐厨房、西餐厨房、宴会厨房等

续表

序号	部门名称	分组及责任说明
4	市场销售部	（1）销售部：负责酒店的客房销售、会议销售等工作 （2）市场部：负责酒店的市场调研、品牌推广等工作 （3）预订部：负责宾客的预订管理和客户关系维护工作
5	人力资源部	（1）招聘处：负责酒店员工的招聘工作 （2）培训处：负责酒店员工的培训工作，提升员工的专业素养和工作能力 （3）薪酬福利处：负责酒店员工的薪酬管理和福利发放工作
6	财务部	（1）应付账款：负责酒店应付账款的核算和管理工作 （2）应收账款：负责酒店应收账款的核算和催收工作 （3）成本控制：负责酒店各项成本的控制和管理工作 （4）采购部：负责酒店物资的采购和管理工作
7	保安部	（1）巡逻队：负责酒店内部的巡逻和安全检查工作 （2）车场管理：负责酒店停车场管理和车辆调度工作 （3）监控室：负责酒店监控系统的运行和管理工作
8	工程部	（1）维修组：负责酒店各项设施设备的维修和保养工作 （2）运行组：负责酒店设施设备的日常运行和管理工作

此外，根据酒店的规模和业务需求，还可能设置其他部门，如康乐部、商场部、行政部等。

（2）层级设置

酒店管理组织通常分为高层管理、中层管理和基层管理三个层级。高层管理包括总经理、副总经理等，负责酒店的战略规划和整体运营；中层管理包括部门经理、部门副经理等，负责部门的日常管理和协调工作；基层管理包括领班、主管等，负责具体工作的执行和监督。不同层级的岗位及责任范围如表1-5所示。

表1-5　不同层级的岗位及责任范围

序号	层级	岗位及责任说明
1	高层管理	（1）总经理：负责酒店的整体运营和管理，是酒店的最高负责人 （2）副总经理：协助总经理处理酒店各项事务，分管特定业务领域
2	中层管理	（1）部门经理：如客房部经理、餐饮部经理、前厅部经理等，负责各自部门的日常管理和协调工作 （2）部门副经理：协助部门经理处理部门事务，分管特定业务领域
3	基层管理	（1）领班：负责具体工作区域（如楼层、餐厅等）的日常管理和监督 （2）主管：协助领班进行工作区域的日常管理和监督工作

（3）职责分配

各部门需明确各自的职责和权限，确保工作的高效开展。例如，餐饮部负责提供优质的餐饮服务，客房部负责客房的清洁和维护，前厅部负责接待宾客和办理入住手续等。

3.组织架构设计的成果

组织架构设计的成果具体体现在组织架构图、职位说明书和组织手册上。

（1）组织架构图

组织架构图又称组织树，它用图形的方式表示组织内的职权关系和主要职能。组织架构图的纵向维度显示权利和责任的关联关系，其横向维度则显示分工与部门分组情况。

四星、五星级酒店对管理与服务的要求比较高，分工比较细，因而部门设置通常比较齐全，如图1-4所示。

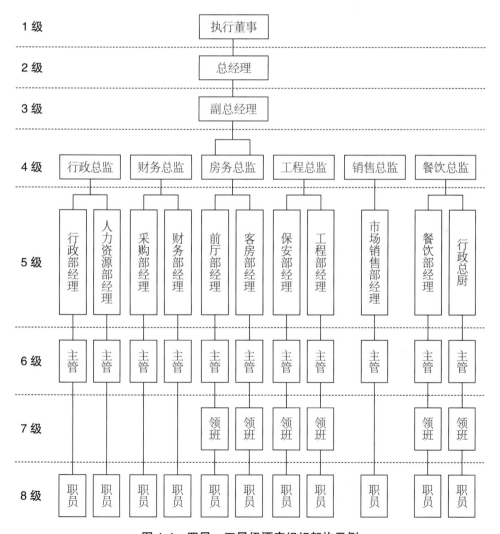

图1-4 四星、五星级酒店组织架构示例

相较于四星、五星级酒店，二星、三星级酒店可能对服务与管理的要求没有那么高，业务范围也没有那么广，所以，部门设置也相对比较简单，如图1-5所示。

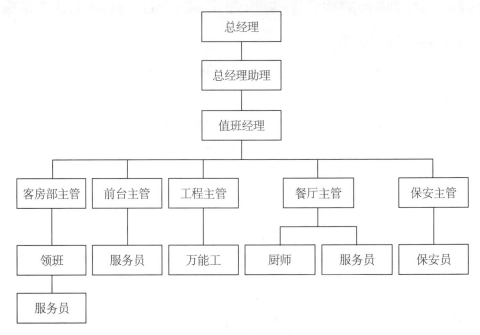

图1-5　二星、三星级酒店组织架构示例

（2）职位说明书

职位说明书包括职位名称、主要职能、职责、职权、此职位与组织其他职位及外部人员的关系。

（3）组织手册

组织手册通常包括员工手册与经理手册，载明全体员工应有的工作理念、酒店对各契约主体的特殊定位、工作制度、直线部门的职权与职责、每一职位的主要职权与职责和主要职位之间的相互关系。

二、酒店制度化管理

酒店制度化管理是指酒店在经营过程中，依据国家法律法规、行业标准以及酒店自身的实际情况，制定、实施、监督和改进各项规章制度，以规范员工行为、提高服务质量、降低运营成本、保障酒店安全和维护顾客权益。制度化管理强调依法治企、法制规章健全，确保酒店运营中的每一个环节都有章可循，有据可依。

1. 酒店制度化管理的目标

酒店制度化管理应达到图1-6所示目标。

 通过制定明确的规章制度,规范员工在酒店工作中的行为举止,确保员工能够按照规定的流程和标准进行操作

 制度化管理有助于提升员工的服务意识和专业素养,从而为客户提供更加优质的服务

 通过制度化管理,酒店可以更加有效地控制各项运营成本,如人力成本、物料成本等,从而提高酒店的盈利能力

 制定并执行严格的安全管理制度,确保酒店设施和客人的人身财产安全

维护顾客权益 → 制度化管理有助于酒店建立更加完善的客户服务体系,及时响应和处理客户的投诉和建议,维护顾客的合法权益

图 1-6 酒店制度化管理的目标

2. 酒店应制定的主要制度

酒店应制定的制度涵盖了劳动管理、工作管理、财务管理、财产物资管理、卫生管理、安全管理、学习管理、奖惩管理、服务管理以及前厅管理等多个方面(表 1-6)。这些制度的制定和执行对于酒店实现正常运营和提供优质服务至关重要。

表 1-6 酒店管理应制定的主要制度

序号	制度名称	制度说明
1	劳动管理制度	(1)员工休假与请假规定:明确员工的休息日、请假流程及请假期间的工资处理方式 (2)员工上下班管理:明确员工的上下班时间、签到签离制度,以及迟到、早退、旷工的处罚措施
2	工作管理制度	(1)员工职责与分工:明确各岗位员工的职责和分工,确保工作高效有序进行 (2)工作流程与标准:制定各项工作流程和操作标准,规范员工行为,提高工作效率
3	财务管理制度	(1)账务处理:规定酒店的各项收支的记账、结算和核对流程,做到日清月结,总台每天与酒店财务部结清当天账目 (2)资金管理:制定员工预支资金的管理办法,以及工资发放的相关规定
4	财产物资管理制度	(1)财产物资管理:明确酒店各类财产物资的管理责任和维护要求,防止财产物资损坏和丢失 (2)损坏赔偿:规定员工损坏财产物资时的赔偿标准和流程

续表

序号	制度名称	制度说明
5	卫生管理制度	（1）环境卫生：制定酒店内外环境的清洁和消毒规定，确保环境整洁、卫生 （2）个人卫生：规范员工的个人卫生习惯，如勤洗手、剪指甲等，以及明确工作服的穿着和清洁要求 （3）客房卫生：规定客房的清洁和消毒流程，确保客房卫生质量达标
6	安全管理制度	（1）安全防范：制定酒店的安全防范措施，如消防安全、治安防范等 （2）安全培训：定期对员工进行安全培训，提高员工的安全意识和应急处理能力
7	学习管理制度	（1）员工培训：制订员工培训计划，提高员工的业务技能和综合素质 （2）学习活动：组织员工参加各类学习活动，如政治学习、业务训练等
8	奖惩管理制度	（1）奖励制度：对在工作中表现突出的员工进行奖励，激励员工积极工作 （2）惩罚制度：对违反酒店规定的员工进行处罚，维护酒店的正常秩序
9	服务管理制度	（1）服务规范：制定酒店的服务标准和规范，确保员工提供优质、高效的服务 （2）客户关系管理：建立客户档案，定期与客户沟通，了解客户需求，提高客户满意度
10	前厅管理制度	（1）前厅部经理职责：明确前厅部经理的职责和权限，确保前厅部工作的顺利开展 （2）员工培训与考核：制订前厅部员工的培训计划和考核标准，提高员工的服务水平 （3）服务流程与标准：制定前厅部的服务流程和操作标准，规范员工行为，提高工作效率

3. 酒店制度化管理的实施策略

酒店制度化管理的实施策略如图 1-7 所示。

制定完善的规章制度 → 依据国家法律法规、行业标准以及酒店自身的实际情况，制定各类规章制度，如员工手册、服务流程、安全管理制度等。规章制度应具有可操作性、可衡量性和可监督性，确保员工能够理解和遵守

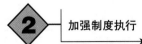加强制度执行 → 建立健全的制度执行机制，确保各项规章制度得到有效执行。加强对员工的培训和考核，增强员工的制度意识和执行力。对违反规章制度的员工进行处罚，以维护制度的严肃性和权威性

③ 持续改进和优化：定期对各项规章制度进行审查和评估，及时发现和解决问题。根据酒店运营的实际情况和市场需求，不断优化和调整规章制度，以适应酒店的发展需要。鼓励员工提出改进建议，促进制度的持续改进和优化

图 1-7　酒店制度化管理的实施策略

4. 酒店制度化管理的注意事项

① 确保制度的合理性和公平性：制度应体现酒店的价值观和企业文化，同时确保员工的合法权益得到保障。

② 加强沟通与反馈：建立有效的沟通机制，及时收集员工的意见和建议，对制度进行必要的调整和改进。

③ 强化监督与考核：建立健全的监督考核机制，确保制度得到有效执行，并对执行情况进行定期评估和总结。

三、酒店流程化管理

酒店流程化管理是指以酒店的业务流程为核心，通过流程设计、流程优化、流程监控等手段，实现酒店运营的高效化、规范化和标准化。这种管理方法注重流程的连续性和整体性，旨在提高酒店的运营效率和客户满意度。

1. 酒店应设计的业务流程

酒店应设计的业务流程涵盖了从前台接待到客房服务、财务管理、市场营销等多个方面，以确保酒店顺畅运营和客户获得良好体验。表 1-7 是一些关键的酒店业务流程。

表 1-7　关键的酒店业务流程

序号	业务流程	环节	关键节点
1	前台接待	预订管理	（1）接收客户预订请求，包括电话预订、网络预订等 （2）核实预订信息，如客户姓名、入住日期、房型等 （3）更新预订系统，确保库存准确性 （4）发送预订确认信息给客户
		入住登记	（1）接待客户，核实预订信息 （2）分配房间，制作房卡 （3）收取押金或进行信用卡预授权 （4）为客户提供入住指南和酒店服务信息

续表

序号	业务流程	环节	关键节点
1	前台接待	退房结算	（1）接收客户退房请求 （2）通知客房部查房 （3）根据查房结果结算费用 （4）退还押金或处理信用卡结算 （5）提供发票和账单给客户
2	客房服务	客房清洁	（1）制订客房清洁计划和标准 （2）分配清洁任务给客房服务员 （3）监督客房清洁质量 （4）处理客户关于客房清洁的投诉和建议
2	客房服务	客房维修	（1）接收客户关于客房设施的维修请求 （2）安排维修人员进行检查和维修 （3）跟踪维修进度和质量 （4）通知客户维修结果
3	餐饮服务	餐厅预订	（1）接收客户餐厅预订请求 （2）核实预订信息，如预订时间、人数、菜品等 （3）安排座位和菜单 （4）发送预订确认信息给客户
3	餐饮服务	用餐服务	（1）接待客户，引导入座 （2）提供菜单和饮品单 （3）接受客户点餐和满足客户酒水需求 （4）提供上菜和酒水服务 （5）处理客户关于餐饮服务的投诉和建议
4	财务管理	收入管理	（1）记录和核对客房收入、餐饮收入等 （2）处理退款和折扣 （3）生成收入报表并进行分析
4	财务管理	成本控制	（1）制订成本控制计划和预算 （2）监控物料采购和库存 （3）分析成本数据，提出改进措施
5	市场营销	市场调研	（1）收集和分析市场数据，了解竞争对手和客户需求 （2）撰写市场调研报告并提出策略建议
5	市场营销	营销策划	（1）制订酒店营销计划和策略 （2）开展促销活动，如打折、送赠品等 （3）管理酒店品牌形象和口碑
5	市场营销	销售渠道管理	（1）管理酒店直销渠道和合作伙伴渠道 （2）维护和更新酒店在线预订平台信息 （3）跟踪销售渠道的业绩，评估其效果

续表

序号	业务流程	环节	关键节点
6	客户服务	客户咨询	（1）接收客户关于酒店服务和设施的咨询 （2）提供准确及时的解答和建议
		客户投诉处理	（1）接收客户投诉，了解问题详情 （2）调查和分析问题原因 （3）提出解决方案并征求客户意见 （4）跟踪处理结果，确保客户满意
		客户关系维护	（1）建立客户档案，记录客户信息和偏好 （2）定期与客户沟通，了解客户需求和反馈 （3）开展客户忠诚度计划，如会员积分、优惠活动等

在实际操作中，酒店可以根据自身情况和客户需求进行灵活调整和优化。

2. 酒店流程化管理的实施步骤

酒店流程化管理的实施步骤如图1-8所示。

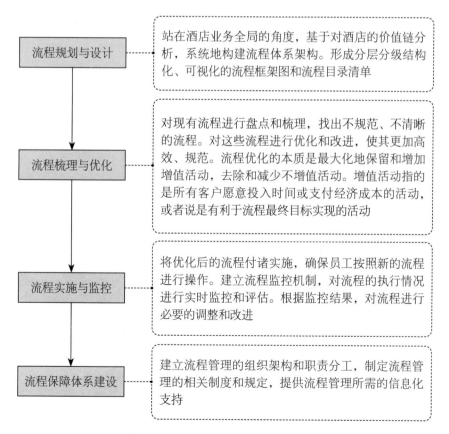

图1-8 酒店流程化管理的实施步骤

3.酒店流程化管理的关键要素

① 客户导向：流程设计应始终以客户需求为导向，确保流程能够高效地满足客户需求。

② 整体优化：注重流程的整体性和连续性，避免流程中出现断点和瓶颈。

③ 标准化：制定统一的流程标准和操作规范，确保员工按照统一的标准为客户提供服务。

④ 持续改进：定期对流程进行审查和评估，及时发现和解决问题，实现流程的持续优化和改进。

四、酒店标准化管理

标准化是指在经济、技术、科学及管理等社会实践中，通过制定、实施标准，使重复性事物和概念达到统一，以获得最佳秩序和社会效益的过程。在酒店管理中，标准化体现在制定并执行统一的服务标准和操作流程，确保酒店在不同时间或由不同员工提供服务时，都能保持一致的服务质量。

1.酒店标准化管理的目的

酒店标准化管理非常重要，可以达成图1-9所示的目的。

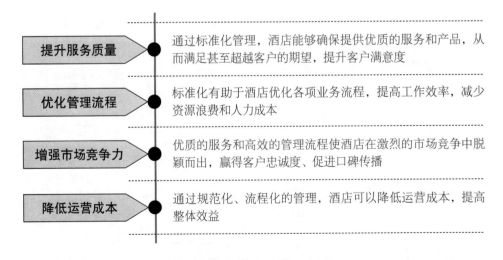

图1-9　酒店标准化管理的目的

2.酒店标准化管理的具体内容

酒店标准化管理的具体内容如表1-8所示。

表 1-8 酒店标准化管理的具体内容

序号	内容	内容说明
1	管理规范	制定酒店管理制度和规范流程，包括业务流程、岗位责任、工作流程、考核评价等方面。通过标准化的管理规范，提高管理效率和服务质量
2	服务标准	制定酒店服务标准，包括前台接待、客房清洁、餐饮服务等方面。通过提高服务标准，提高客户满意度和忠诚度
3	设备标准	制定酒店设备标准，包括客房设施、公共设施、设备采购等方面。通过统一规范和标准，方便后续维护管理，降低运营成本
4	安全标准	制定酒店安全标准，包括消防安全、食品安全、用电安全等方面。通过制定安全规范和流程，保障客户和酒店员工的生命财产安全

3. 酒店标准化管理的实施策略

酒店标准化管理的实施策略如图 1-10 所示。

策略一　制定详细的服务标准和操作规范

酒店应针对前台接待、客房服务、餐饮服务、会议服务等各个环节，制定详细的服务标准和操作规范，明确操作步骤、标准和要求

策略二　加强员工培训

酒店应定期对员工进行标准化管理培训，提高员工的服务意识和技能水平。培训内容包括酒店文化、业务知识、操作技能等，确保员工具备执行标准化操作的能力

策略三　建立有效的监督机制

酒店应设立专门的质检部门或质检岗位，对各项业务的执行情况进行监督和检查，确保标准化流程得到有效执行。同时，建立客户反馈机制，及时收集客户反馈，对服务质量进行持续改进

策略四　定期更新标准和规范

随着市场和客户需求的变化，酒店应定期更新服务标准和操作规范，与市场和客户同步

图 1-10 酒店标准化管理的实施策略

4. 酒店标准化管理的挑战与应对

① 员工适应性问题：员工可能对新标准和流程存在不适应的情况。酒店可采取激励机制和奖励制度鼓励员工参与标准化管理，同时加强与员工的沟通和交流，帮助他们更好地适应新标准和流程。

② 培训成本控制：标准化管理需要投入一定的培训成本。酒店应合理规划培训预算，确保培训效果的同时控制成本。

五、酒店管理系统建设

酒店管理系统（Hotel Management System，HMS）是一种专门为酒店行业设计的信息管理系统。它集成了多种功能模块，旨在提高酒店的管理效率和服务质量，同时优化客户的住宿体验。通过使用酒店管理系统，酒店可以更加高效地管理日常运营，提升客户满意度，优化资源配置，从而实现更高的盈利和提高市场竞争力。

1. 酒店管理系统的作用

酒店管理系统在酒店运营中扮演着至关重要的角色，它不仅能够提升酒店的管理效率，还能优化客户体验，并为酒店带来多方面的积极作用，如表 1-9 所示。

表 1-9　酒店管理系统的作用

序号	作用	作用说明
1	提升管理效率	（1）自动化流程：酒店管理系统通过自动化预订、入住、退房等流程，显著减少了人工操作，提高了工作效率 （2）数据整合：系统能够整合酒店内各个部门的数据，实现信息的实时共享和更新，避免了"信息孤岛"现象 （3）决策支持：系统提供的数据分析工具，能够帮助管理者快速获取业务数据，为决策提供有力支持
2	优化客户体验	（1）个性化服务：系统能够记录客户的偏好和历史消费记录，为客户提供个性化的服务和推荐 （2）快速响应：通过系统，酒店能够迅速回应客户的请求，解决客户的问题，提高客户满意度 （3）多渠道预订：系统支持多种预订方式，如在线预订、电话预订等，方便客户选择适合自己的预订方式
3	提高盈利能力	（1）动态定价：系统能够根据市场需求和竞争情况，动态调整房价，实现收益最大化

续表

序号	作用	作用说明
3	提高盈利能力	（2）会员管理：通过会员管理系统，酒店能够吸引和留住忠诚客户，提高复购率和客户满意度 （3）促销策略：系统支持多种促销策略的制定和执行，如发放优惠券、积分兑换等，以吸引新客户并促进消费
4	降低运营成本	（1）降低人力成本：自动化流程减少了人工操作，降低了人力成本 （2）降低物资消耗：系统能够实时监控物资库存和消耗情况，避免浪费和过度采购 （3）提高能源效率：通过智能控制客房设备，系统能够降低能源消耗，提高能源利用效率
5	提升品牌形象	（1）服务质量提升：利用系统优化服务流程和提高服务质量，酒店能够树立良好的品牌形象 （2）客户口碑传播：对酒店满意的客户会通过口口相传的方式为酒店带来更多的潜在客户 （3）在线评价管理：系统能够收集和分析客户的在线评价，为酒店改进服务提供依据，并提升酒店的在线声誉

综上所述，酒店管理系统在酒店运营中发挥着至关重要的作用。它不仅能够提升管理效率、优化客户体验、提高盈利能力，还能降低运营成本并提升品牌形象。因此，对于酒店来说，选择一款合适的酒店管理系统至关重要。

2. 酒店管理系统的主要功能模块

酒店管理系统是一种专为提高酒店管理效率而设计的软件或平台，它集成了多个功能模块，旨在帮助酒店实现全面的业务管理和客户服务。表1-10是酒店管理系统的主要功能模块。

表1-10 酒店管理系统的主要功能模块

序号	模块	模块说明
1	客房管理相关模块	前台预订管理：支持在线预订、电话预订等多种预订方式，能够自动分配房间并生成预订单 前台接待管理：包括长包房管理、钟点房管理等，能够快速办理入住手续，记录客户信息 客房状态管理：对客房的清洁、维修情况及实时状态进行监控等，确保客房设施完好、卫生达标

续表

序号	模块	模块说明
1	客房管理相关模块	房务中心管理：处理与客房相关的各种事务，如客户遗落物品管理、物品借还管理等 房价体系管理：根据季节、节假日等因素动态调整房价，实现酒店收益最大化。同时，支持房价码管理，方便酒店进行价格策略的制定和调整
2	财务管理相关模块	前台收银管理：支持多种支付方式，能够自动计算费用并生成账单，快速完成结账过程 财务管理：包括账务管理、收支管理、报表分析等功能，提供详细的财务报表和数据分析，帮助管理者了解酒店经营状况 夜审处理：自动进行夜间审核，确保财务数据准确无误
3	会员与销售管理相关模块	会员管理：包括会员账号管理、会员账款管理、会员消费记录管理等，提供积分兑换、会员优惠等增值服务。同时，支持会员报表的生成和分析 销售员管理：支持全员销售模式，记录销售业绩和佣金分配情况 公关销售管理：通过客户关系管理系统（CRM）维护客户关系，策划营销活动，提升酒店品牌形象
4	餐饮与娱乐管理相关模块	餐饮预订管理：支持餐厅座位预订、宴会预订等，提高餐桌利用率 餐饮点单与结账：提供电子菜单、在线点单、收银结账等功能，提升餐厅运营效率和服务质量 娱乐管理：包括预订、开台、点单收银、技师管理等功能，适用于酒店内的娱乐场所如KTV、SPA馆等
5	其他辅助模块	系统维护：定期进行系统检查和维护，确保系统稳定运行。同时，支持版本升级，根据业务需求和技术发展对系统进行更新 数据分析：包括客户行为分析、市场趋势分析、销售业绩分析等功能，为酒店管理层提供决策支持 智能门禁与客房控制：客户可通过手机APP实现远程开门、房间设备控制等，提升客户体验 工程维修管理：负责酒店内设施设备的维修和保养工作的管理，确保酒店正常运营 报表管理：包括各种统计报表、财务报表、销售报表等功能的生成和管理，方便酒店管理层进行查看和分析

综上所述，酒店管理系统通过集成多个功能模块，为酒店提供了全面的业务管理和客户服务解决方案。这些功能模块相互协作，共同提高了酒店的管理效率和服务质量。

3. 酒店管理系统的建设步骤

酒店管理系统的建设是一个综合性的项目，它涉及多个方面，包括需求分析、系统设计、开发实施、测试验收以及后期的维护和优化，具体如图1-11所示。

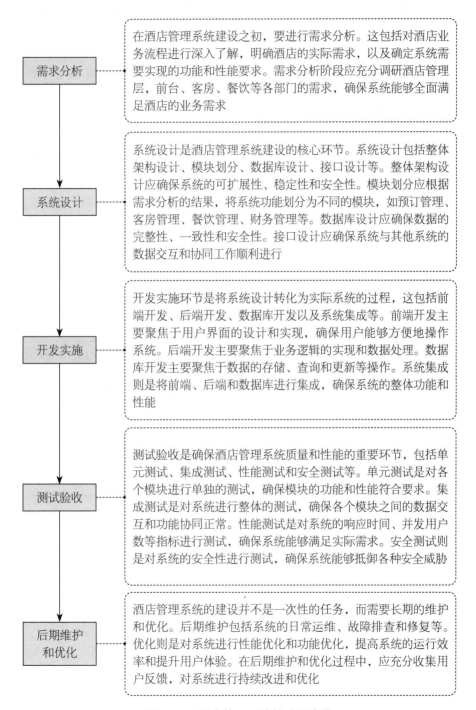

图 1-11 酒店管理系统的建设步骤

4. 未来发展趋势

酒店管理系统的未来发展趋势将紧密围绕云计算化、移动化、数据驱动化、智能化和自动化等方面展开（图1-12）。这些趋势将推动酒店管理系统不断升级和优化，为酒店业提供更加高效、便捷和个性化的服务。

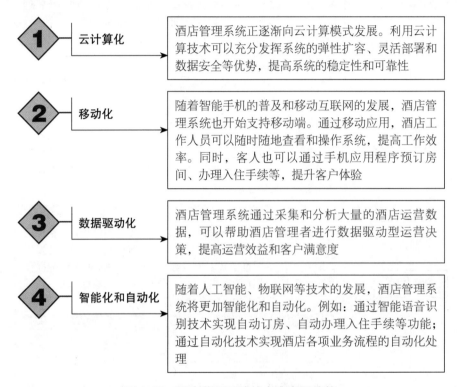

图1-12 酒店管理系统的未来发展趋势

第二章
酒店对客服务管理

第一节　前厅接待与服务

酒店前厅是客人进入酒店后的第一个接触点，又是离开酒店前的最后接触点，它直接关系到客人的住宿满意程度和对酒店的印象。在现代化酒店里，前厅往往被认为是整个酒店的核心部门，无论是在前厅设置、员工素质还是在管理手段上其要求都高于其他部门。因此，前厅管理已成为酒店管理的重要组成部分。

一、预订服务

现如今，随着时代的发展，酒店大部分的客人都是通过预订方式入住，预订也就成为客人和酒店的初次接触。如果酒店能够在预订环节让客人感受到酒店的优势，酒店就能够更好地获得消费者的认可。因此，酒店管理者要做好前厅的预订服务管理。

1. 预订的基本流程

许多酒店的前厅会承担预订的职能。对于前厅员工，酒店管理者要做好预订相关流程的培训，保证客人能快速预订与入住。

① 接收预订。当客人通过电话、网络、上门等方式提出预订请求时，前厅员工需要热情接待并详细询问客人的预订信息，如入住日期、离店日期、房间类型、入住人数等。同时，查阅酒店管理系统或控制簿，确认是否有空房可供预订。

② 确认预订。在接收客人的预订要求后，要对比客人的预订与酒店客房的使用情况，确定是否能够接受该客人的预订，如果可以接受，要及时发送预订确认通知。

> **小提示**
>
> 不同渠道的预订确认方式会有所差异，但总体原则是，确认速度越快越好，以免造成客人流失。

③ 拒绝预订。如果酒店无法接受客人的预订（如房间已满），需要礼貌地向客人解释原因，并主动提出一系列可供选择的建议，如推荐其他房型、建议客人提前预订等。

④ 核对预订。在客人到店前，提前与客人进行多次核对，确保预订信息的准确性。核对内容通常包括客人是否能够如期抵店，住宿人数、时间和要求等是否有变化。

⑤ 预订的取消与变更。如果客人因故需要取消或变更预订，前厅员工需要按照酒店的规定进行处理。取消预订时，要保持礼貌和耐心，不能让客人感到不悦。变更预订时，要及时在系统中进行修改，并通知相关部门做好准备工作。

2. 预订服务的注意事项

① 预订信息的准确性。确保预订信息准确无误是预订管理的核心任务之一。任何信息错误都可能导致客人无法顺利入住或产生不必要的纠纷。

② 服务态度的友好性。前厅员工需要始终保持友好、热情的服务态度，无论是接受预订、确认预订还是处理取消和变更预订时都要如此。

③ 预订系统的稳定性。酒店需要确保预订系统的稳定性和可靠性，以便在预订高峰期或突发情况下能够正常运作。

④ 超额预订的管理。超额预订是酒店常用的一种策略，但需要掌握"度"。如果因超额预订导致客人无法入住，酒店应诚恳道歉并立即采取补救措施（如联系其他酒店）。

⑤ 客户信息的保护。在处理预订信息时，酒店需要严格遵守相关法律法规和隐私政策，确保客人的个人信息不被泄露或滥用。

3. 预订服务的优化策略

为了做好预订服务，酒店管理者可参考图 2-1 所示的措施来优化预订服务工作。

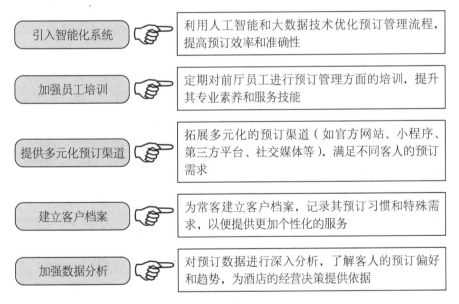

图 2-1 预订服务的优化策略

如何建立客户档案

借助客户档案，酒店能准确掌握客户在消费过程中的各种需求，培养忠诚度高的消费群体，达到信息互动共享、全面提升服务质量的目的。客户档案在酒店管理中的重要性日益凸显,现已成为酒店基础管理工作之一。

1.建立客户档案的原则

① 客户档案卡是针对住店一次以上的客户,按一定的顺序排列的索引卡,其采取"一客一档"和"一团一档"的形式,专指性强,查阅方便,检索准确率高。

② 客户档案卡的排列严格按照一定的顺序,可边形成边排列,逐户积累,插入取出自由,还可以随时增减。

当然,考虑到为每位客户设卡工作量较大,各酒店可根据自身的实际情况规定设卡的范围,以求实效,不图虚名。例如,只为VIP客户、常客、消费层次高的客户、个别重点团体、某些特殊会议的客户等设立客户档案。

2.客户档案的内容

① 常规档案。常规档案包括客户姓名、性别、年龄、出生日期、婚姻状况以及通信地址、电话号码、公司名称、头衔等。收集这些资料有助于酒店了解目标市场的基本情况,了解"谁是我们的客户"。

② 预订档案。预订档案包括客户的订房方式、介绍人、订房的季节、月份和日期以及订房的类型等。掌握这些资料有助于酒店选择销售渠道,做好促销工作。

③ 消费档案。消费档案包括报价类别、客户租用的房间、支付的房价和餐费以及在商品、娱乐等其他项目上的消费;客户的信用情况、账号、喜欢何种房间和酒店的哪些设施等,从而了解客户的消费水平、支付能力、消费倾向、信用情况等。

④ 习俗、爱好档案。习俗、爱好档案是客户档案中最重要的内容,包括客户的旅行目的、爱好、生活习惯、宗教信仰和禁忌以及住店期间要求的额外服务。了解这些资料有助于为客户提供有针对性的"个性化"服务。

⑤ 反馈意见档案。反馈意见档案包括客户在住店期间提出的意见、建议、表扬、投诉等。

3.客户档案资料的主要来源

客户档案资料主要来源于订房单、登记单、客账单、投诉及处理结果、客户意见征求书以及其他平时观察和收集的记录资料。但是,客户档案的资料信息收集工作仅靠前厅人员来做是不够的,还必须依靠酒店各有关部门和接待人员的大力支持和密切配合。

为了做好这项工作,还必须采取相应的措施。第一,要把这项工作纳入有关部门和有关人员的职责范围之内,使其经常化、制度化。第二,通过宣传教育增强有关人员的档案意识,使他们能够主动配合档案人员做好客史档案的收集和积累工作。由于客户档案的内容与前厅的业务关系比较密切,所以往往是前厅人员负责此项工作。

二、咨询服务

前厅除了接收各类预订外,还会收到客人线上或线下咨询。优质的咨询服务能够提升客人的满意度,进而提高客人的忠诚度和回头率。

1. 咨询服务的内容

咨询服务的主要内容如表 2-1 所示。

表 2-1 咨询服务的内容

序号	内容	具体说明
1	宾客接待	前厅员工应站在前厅接待台处,展现亲切友善的态度,主动迎接宾客。为宾客提供所需的信息咨询服务,包括酒店设施、服务内容、周边环境介绍等
2	入住登记	前厅员工应根据规定的程序为宾客办理入住登记,确保宾客信息准确无误。提供地图、房卡及其他相关入住信息
3	信息查询	前厅员工应了解酒店内的各项服务设施及日常活动,如餐厅、健身房、会议室等,并能够提供准确的信息查询服务。对于宾客关于周边环境的询问,应熟悉周边的交通、购物、娱乐等信息,并向宾客提供详尽的解答和建议
4	语言服务	前厅员工应能够流利地使用国际通用语言,并具备至少一种外语的嘉宾服务能力,以便更好地满足国际宾客的需求
5	投诉处理	对于宾客的投诉,前厅员工应积极倾听、理解,并及时提供合理的解决方案。所有的宾客反馈都应被认真记录并向相关部门转达,以改进服务

2. 咨询服务人员应具备的能力

咨询服务人员应具备图 2-2 所示的工作能力。

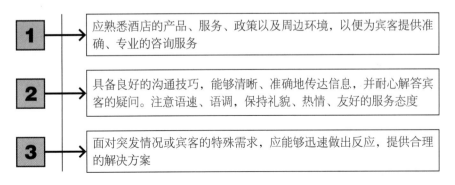

图 2-2 咨询服务人员应具备的能力

3. 提升咨询转化率

作为酒店管理者，可以从以下几个方面入手，来提升咨询转化率。

① 前厅员工要清楚掌握酒店的房量、房型、房价、服务项目等基本情况，熟悉设施服务等；此外，酒店地理位置、当地的交通攻略、旅游景点、美食、驾车公交指南等，都要了然于心。

② 酒店需建立明确的激励制度。制定前厅销售奖励政策，通过现金奖励、颁发荣誉证书、晋升等方式激励员工积极推销酒店产品。将咨询转化率纳入前厅员工的绩效考核指标中，定期评估员工的工作表现并给予相应的奖惩。

③ 加强员工培训。酒店可在前厅每周部门会议上，将销售技巧纳入培训内容，通过运用大量的案例及情景教学方式，宣导酒店营销活动和话术技巧等。

比如，当客人在选择酒店产品时表现出犹豫不决时，员工可用提问的方式了解客人的特点与喜好，分析他们的心理，耐心地有针对性地介绍，消除客人的疑虑，并运用销售技巧帮客人做出选择。

④ 多渠道整合。除了面对面的咨询服务外，还应确保电话、在线聊天、社交媒体等多种咨询渠道无缝整合，使客人可以通过最便捷的方式获得服务。

⑤ 保持沟通畅通。确保前台电话、在线聊天工具等通信设备始终处于可用状态，避免因设备故障导致沟通不畅。

⑥ 快速响应。确保在电话、在线平台等渠道上快速响应客人的咨询，避免让客人等待过久。设置明确的响应时间标准，并确保在高峰期也能迅速响应客人咨询。若客人等待响应的时间超出标准时间，应主动向客人致歉并解释原因。

> **小提示**
>
> 酒店可以引入智能客服系统，通过自然语言处理技术自动识别并回应客人的常见问题，减轻人工客服的压力，提高响应速度。

三、客房分配

酒店客房分配是酒店管理中至关重要的一环，它直接关系到客人的入住体验和酒店的运营效率。

1. 客房分配的基本原则

总体来说，客房分配的基本原则如图 2-3 所示。

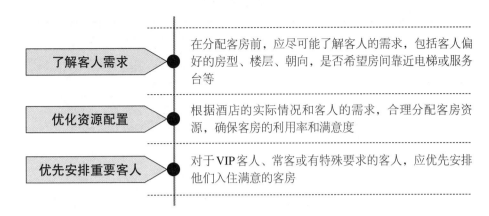

图 2-3　客房分配的基本原则

2. 客房分配的顺序

酒店在安排客房时，是有先后顺序的。前台接待人员应该根据客人的类型和特点及入住需求的紧急程度，按照一定的顺序进行排房，具体顺序如下。

① VIP 客人和常客。他们通常对酒店有较高的忠诚度，应优先安排他们入住满意的客房，以维持良好的客户关系。

② 团队客人。团队客人通常数量较多，且有一定的集中性，应尽量安排在同一楼层或相近楼层，以便于管理和服务。

③ 已付定金等保证类预订的客人。这类客人的入住意愿较强，应提前为他们安排好客房，以确保他们的入住需求得到满足。

④ 要求延期续住的客人。对于希望延期续住的客人，应根据酒店的实际情况和客房的可用性进行灵活处理。

⑤ 普通预订但已通知具体航班、车次及抵店时间的客人。这类客人的入住时间相对确定，可以提前为他们预留客房。

⑥ 未预订而直接抵店客人。对于未预订而直接抵店的客人，应根据酒店的客房空余情况和客人的需求进行灵活安排客房。

3. 客房分配的技巧

为客人迅速、准确地排房是体现前厅服务水平的一个重要方面，客房分配应根据酒店的客房使用情况和客人的具体要求等进行。具体来说，前台接待人员在客户分配时，应掌握如表 2-2 所示的技巧。

表2-2 客房分配的技巧

序号	技巧	具体说明
1	集中排房	对于团队客人或数量较多的预订客人，应尽量将其客房安排在同一楼层或相近楼层，以便于行李接送和管理
2	考虑特殊需求	对于有特殊需求的客人（如老年人、残疾人、带小孩的客人等），应尽量将其安排在离电梯或服务台较近、方便出行的客房
3	避免相互干扰	在分配客房时，应注意避免将不同类型的客人安排在同一楼层或相近房间，以减少相互之间的干扰和不便
4	利用客房状态	在客房分配过程中，应充分利用客房状态信息（如净房、脏房、维修等），优先安排状态良好的客房给客人入住
5	搭配销售	在旺季或客房紧张时，可以采用搭配销售的方式，将不同类型的客房进行合理搭配，以满足不同客人的需求

4.客房分配的注意事项

① 酒店应定期更新预订信息，以便及时了解客人的入住需求和客房的可用性。

② 在客房分配过程中，前厅应加强与客房、餐饮等相关部门的沟通协调，确保客房分配工作的顺利进行。

③ 对于突发情况（如客人提前退房、取消预订等），酒店应灵活应对，及时调整客房分配计划。

总之，酒店客房分配是一项复杂而细致的工作，需要酒店管理人员根据客人的需求和酒店的实际情况进行合理规划和安排。通过优化客房分配策略和提高管理水平，酒店可以提升客人的入住体验和满意度，进而提高自身的竞争力和市场地位。

四、投诉处理

对于酒店来说，客人投诉已成为酒店在日常提供产品和服务的过程中最棘手的问题之一。但是客人投诉既是危险也是机会，有效处理投诉不仅可以帮助酒店提升品牌形象，也有助于再次赢得客户，留住客户。

1.客人投诉的原因

就投诉的原因而言，既有酒店方面的原因，也有客人方面的原因。

（1）酒店方面的原因

酒店方面的原因如图2-4所示。

原因一	消费环境、消费场所、设施设备未能满足客人的要求
原因二	服务员业务水平低，工作不称职、不负责任，岗位责任混乱，经常出现工作过失
原因三	部门之间缺乏沟通和协作精神，管理人员督导不力
原因四	对客人尊重程度不够，服务指南、宣传手册内容陈旧、说明不翔实等

图 2-4　酒店方面的原因

（2）客人方面的原因

客人方面的原因体现在：对酒店的期望要求较高，一旦现实与期望相差太远时，就会产生失望感；对酒店宣传内容的理解与酒店有分歧；个别客人对酒店工作过于挑剔等。

2. 处理投诉的目标

使"不满意"的客人转变为"满意"的客人。

3. 处理投诉的原则

① 真心真意帮助客人解决问题。处理客人投诉时的任何拖沓或"没了下文"都会招致客人更强烈的不满。

② 不与客人争辩。即使是客人错了，也不能与客人正面交锋，只能耐心地解释，取得客人的理解和谅解。

③ 不因小失大。必要时把"对"让给客人。

④ "双利益"原则。酒店既要保护自身利益，也不能损害客人的利益。如果片面地追求自身的利益，必然会损害客人的利益，最终结果是损害了酒店的长远利益。

⑤ "理""礼"兼顾原则。处理客人投诉时，要既讲"理"，又讲"礼"。讲"理"是为了让别人信服；而讲"礼"，则是让别人易于接受。

4. 处理投诉的步骤

对于客人的投诉，前厅员工可以参考表 2-3 所示的处理步骤。

表 2-3　处理投诉的步骤

序号	处理步骤	具体说明
1	接收投诉	（1）面对客人的投诉，前厅员工应首先保持冷静、耐心和诚恳的态度，让客人感受到被重视 （2）立即接待投诉的客人，避免让客人等待过久，产生不满情绪

续表

序号	处理步骤	具体说明
2	认真聆听、记录	（1）聆听客人投诉时，要集中精力，面带微笑，眼睛正视对方，以示尊重 （2）准确记录客人的投诉内容，包括时间、地点、事件经过、客人要求等，以便后续处理
3	表示同情、安抚客人	（1）对客人的遭遇表示同情和理解，让客人感受到你的真诚关怀 （2）如果客人情绪激动，应尝试安抚其情绪，避免冲突升级。可以将客人带至安静的会客室或休息区，避免影响其他客人
4	核实投诉内容	（1）根据客人提供的投诉内容，迅速核实相关情况，了解事实真相 （2）明确责任归属，判断是酒店自身的问题还是客人的误解或不当行为
5	解释问题原因、道歉	（1）向客人解释问题产生的原因，让客人了解事情的来龙去脉 （2）如果确实是酒店的问题，应向客人诚恳道歉，并表达改进的决心
6	采取措施处理投诉	（1）对于能够立即解决的问题，应立即采取措施予以解决，满足客人的合理要求 （2）对于不能立即解决的问题，应与客人协商解决方案，并明确解决的时间表和责任人 （3）根据投诉的严重程度和客人的损失情况，给予客人适当的补偿或优惠，以平息客人的不满
7	通报处理进展	（1）在处理投诉的过程中，应定期向客人通报进展情况，让客人了解处理结果 （2）与客人保持良好沟通，及时解答客人的疑问和关切
8	详细记录	将投诉的内容、处理过程、解决结果等详细记录在案，以便后续分析和改进
9	跟进解决结果	（1）在投诉处理完毕后，应主动与客人联系，确认其对处理结果是否满意 （2）对于重要客人或频繁投诉的客人，应给予持续的关怀和关注，以建立长期的良好关系
10	服务回访	定期对投诉客人进行回访，了解其后续需求和意见建议，以不断提升服务质量
11	汇总分析	（1）定期汇总分析投诉案例，总结经验教训，完善投诉处理流程和制度 （2）根据分析结果，制定改进措施，不断提升酒店的服务质量和客户满意度

5. 处理投诉的技巧

（1）用理解、关心取得客人的谅解

客人在遇到令其不满的事情时，工作人员必须懂得宽容并设身处地为客人着想。只有充分理解客人的角色特征，掌握客人心理特点，并给予其理解、宽容，酒店才能打动客人的心，从而赢得客人的谅解。表2-4展示了针对不同类型客人应采取的投诉处理技巧。

表2-4　针对不同类型客人应采取的投诉处理技巧

序号	客人类型	处理技巧
1	爱表现自己高明的客人	在投诉的客人中，有的爱表现自己的高明，他的投诉可能只是为了表现自己，显得自己很高明或很重要。领班必须迎合他这种心理，给他提供充分表现自己的机会，帮助客人表现其长处，维护并隐藏客人的短处，从而使客人在酒店获得更多的自豪感和成就感
2	希望被特别关注的客人	还有的客人希望被特别关注，领班必须像对待自己的朋友一样给予其足够的关注，耐心倾听客人的要求，提供真心诚意的帮助，让客人感到领班的关心是真诚的
3	爱面子的客人	爱面子的客人，往往以自我为中心，思维和行为大都有情绪化的特征，对酒店的评价往往带有很大的主观性，即以自己的感觉加以判断。这类客人在投诉时，领班首先要肯定客人的投诉，承认酒店的失误，应注意给客人面子。对于客人无理取闹的行为，也应给予宽容理解。只有将心比心地理解客人，设身处地为客人利益着想，想客人之所想，急客人之所急，才能赢得这类客人的理解
4	爱发号施令的客人	这一类客人具有领导的某些特征，表现为姿态居高临下，爱发号施令，习惯于使唤别人。为此，在处理这类客人的投诉时，必须像对待领导一样对待他们，切忌怠慢、忽视客人。对于客人的无理要求或无端指责，领班同样要注意方式方法，采取引导和感化的方法，甚至可让他们参与投诉的处理决策，使客人感受到正确使用权利的快乐

（2）用恰当的方式处理客人投诉

用恰当的方式处理投诉可以化干戈为玉帛，反之，则会因小失大。一般要掌握投诉者的投诉心理，然后找到恰当的处理方式，具体如表2-5所示。

表2-5　针对不同投诉心理客人的投诉处理技巧

序号	客人投诉心理	处理技巧
1	急于解决问题的客人	这类客人往往通过电话或口头方式提出投诉。处理这类投诉的原则是，尽快解决客人急于要解决的问题。第一，要注意与当事人进行口头交流时，讲究语言方式。第二，要及时采取补救措施。对短时间内无法解决的事情要给客人明确回复，说明酒店对这件事的重视程度，使客人在心理上得到满足

续表

序号	客人投诉心理	处理技巧
2	给酒店提建议的客人	这类客人大都对酒店有良好的印象，对酒店服务及管理中出现的问题他们会提出书面建议。对这类信函应由部门经理亲自处理，视情况回信给客人（已离店的）或约客人当面交流，告知其改进的措施和杜绝此类事件发生的方法
3	恶意投诉的客人	个别客人提出非分要求，无理取闹，行为、语言粗鲁，虽经耐心解释但仍发生投诉，此类情况即为恶意投诉。酒店服务员在面对这类客人时，应及时向上级汇报，由保安人员或更高一层的管理人员出面再次进行劝阻，或者劝其离开现场，以免给其他客人造成不良影响和干扰酒店的正常工作。情节十分严重者，应通知当地派出所介入，以维护酒店的正当权益
4	对酒店有成见的客人	极个别对酒店反感的客人，往往采取比较偏激的方法来投诉，大吵大闹。服务员在与客人的冲突中，始终处于不利的地位。因此，那些故意挑衅的客人，对这一点非常清楚。在面对这类客人时，要用正确方法控制自己的情绪和言行，要始终坚持有理、有利、有节、有礼貌的原则来处理问题，平息客人的怒气，避免在公众场合处理问题。无论客人提出的问题是否符合事实，都必须认真倾听，从容大度地对待客人，待其怒气平息后再共商解决问题的办法

对投诉的处理方式最终还要因人因事而异，尽量争取使每位投诉者都满意。

（3）认真听取客人的投诉意见

倾听是一种有效的沟通方式，对待任何客人的投诉，不管是鸡毛蒜皮的小事情还是复杂棘手的事件，受理投诉的工作人员都要保持镇定、冷静，认真倾听客人的意见，要表现出对客人的礼貌与尊重。接到客人投诉时，要用真诚、友好、谦和的态度，全神贯注地聆听，保持平静，虚心接受客人的意见，不要打断客人，更不能反驳与辩解。

① 保持冷静的态度，设法使客人消气。处理投诉只有在"心平气和"的状态下处理投诉才能有利于解决问题。因此，在接待来投诉的客人时，工作人员要保持冷静、理智，先请客人坐下，然后请他慢慢讲。重要的是让客人觉得酒店很在乎他的投诉，不要急于辩解，否则会被认为是对客人的指责和不尊重。

小提示

在接待投诉客人时，工作人员要与客人保持目光交流，身体正面朝向客人以示尊重；先请客人把话说完，再适当问一些问题以了解详细情况。说话时要注意语音、语调、语气。

② 同情和理解客人。当客人前来投诉时，工作人员应当把自己视为酒店的代表去接待，欢迎他们的投诉，尊重他们的意见，并同情客人，以诚恳的态度向客人表示歉意，注

意不要伤害客人的自尊。对客人表示同情，会使客人感到你和他站在一起，从而减少对抗情绪，有利于问题的解决。

比如，工作人员可以这样说："这位先生（女士），我很理解你的心情，如果是我可能会更气愤。"

③ 对客人的投诉真诚致谢。尽管客人的投诉有利于改进酒店服务工作，但由于客人的素质水平、投诉方式不同，难免使接待者有些不愉快。不过若客人遇到不满意的服务，他不告诉酒店而是讲给其他客人或朋友听，这样就会影响到酒店的声誉。所以当客人投诉时，酒店不仅要真诚地欢迎，而且还要感谢客人。

> **小提示**
>
> 在认真听取客人投诉的同时要做好记录，一方面表示出酒店对客人投诉的重视，另一方面这也是酒店处理问题的原始依据。记录包括客人的姓名，投诉的时间、内容等。尤其是客人投诉的要点，以及其讲到的一些细节要记录清楚，并适时复述，以缓和客人的情绪。

（4）及时采取补救或补偿措施

客人投诉最终是为了解决问题。因此工作人员对于客人提出的投诉，不要推卸责任，而应视不同情况积极想办法解决，在征得客人同意后作出恰当处理。为了避免处理投诉时自己陷入被动局面，不要把话说得太绝对，一定要给自己留有余地，也不要随便答应客人超出自己权限的事。

对于一些明显是酒店方面的过错，就应马上道歉，在征得客人同意后作出补偿性处理。

对于一些较复杂的问题，不应急于表态或处理，而应礼貌、清楚地列出充分的理由说服客人，并在征得客人同意的基础上作出恰当的处理。

对于一时不能处理好的事情，要注意告诉客人酒店将采取的措施和解决问题的时间。如客人夜间投诉空调坏了，恰巧赶上维修工正忙于另一维修任务，需要半小时后才能过来修理。这时服务员就应让客人知道事情的进展，使客人明白他所提的意见已经得到酒店的重视，并已经安排解决措施。

（5）要及时追踪处理投诉结果

接待投诉客人的人，并不一定是实际解决问题的人，因此，客人的投诉是否最终得到了解决，仍然是个问号。事实上，很多客人的投诉并未得到解决，因此，必须对投诉的处理过程进行跟踪，对处理结果予以关注。现在，不少酒店对客人的投诉采用"到我为止"的方法，即第一位接待客人投诉的人就是解决问题的主要责任人。他必须将处理客人投诉和满足客人需求的事情负责到底，直到事情圆满结束。

所以，接到投诉后，工作人员应主动与客人联系，反馈解决问题的进程及结果，要与负责解决问题的人共同检查问题是否得到解决。当知道问题确实已得到解决时,还应询问客人是否满意,如果客人不满意,还要采取额外措施去解决。

五、环境管理

前厅是客人进入酒店后首先接触到的区域,其环境氛围直接决定了客人对酒店的第一印象。一个整洁、幽雅、舒适的前厅能够迅速提升客人的好感度,为其后续的住宿体验奠定良好的基础。同时,前厅是酒店品牌形象的重要展示窗口。通过精心的设计和管理,前厅可以展现出酒店的独特风格、文化内涵和服务理念,从而增强品牌识别度和美誉度。对此,酒店管理者可从图2-5所示的几个方面做好前厅的环境管理工作。

图2-5 前厅环境管理着手点

1. 合理布局

前厅的布局尽管受到酒店性质、规模、位置等因素影响,但是,一般酒店前厅布局应该符合表2-6所示的要求。

表2-6 前厅布局要求

序号	要求	具体说明
1	功能需求分析	对前厅的各项功能进行细致分析,包括接待区、休息区、行李寄存区、商务中心、信息公告区等。明确每个区域的主要功能和所需空间大小,确保每个区域都能满足其特定的服务需求
2	客人流线规划	根据客人的流动路径和行为习惯,合理规划前厅的客人流线。确保客人从进入酒店到办理入住、等候、休息、咨询、退房等各个环节都能顺畅无阻,减少不必要的等待和拥挤
3	区域划分与整合	在功能需求分析和客人流线规划的基础上,对前厅进行区域划分。通过合理设置隔断、屏风或家具来区分不同的功能区,同时保持整体空间的通透性和连贯性。对于功能相近或相互关联的区域,可以适当进行整合,提高空间利用率
4	灵活性设计	考虑到酒店业务的多样性和变化性,前厅布局应具有一定的灵活性。例如,设置可移动的家具和隔断,以便根据实际需要调整空间布局;或预留一定的空白区域,用于举办临时活动或展览

2. 装饰美化

酒店前厅的环境可从表 2-7 所示的几个方面来进行装饰美化。

表 2-7 装饰美化措施

序号	措施	具体说明
1	选择合适的色彩与材质	前厅的装饰色彩和材质应与酒店的整体风格相协调。在色彩选择上，可以运用温馨、舒适的色调来营造宾至如归的氛围；在材质选择上，注重质感和触感的搭配，提升整体空间的品质感
2	摆放适量的绿植与花卉	绿植和花卉是美化前厅环境的重要元素。通过摆放适量的绿植和花卉，不仅可以净化空气、调节室内湿度，还能为前厅增添生机和活力。在选择绿植和花卉时，应考虑其生长习性和观赏价值，确保它们能够长期保持美观和健康
3	布置艺术品与装饰画	艺术品和装饰画是提升前厅文化品位和营造艺术氛围的关键。可以根据酒店的定位和风格，选择与之相匹配的艺术品和装饰画进行布置。这些艺术品和装饰画不仅能够美化空间，还能传递酒店的文化理念和价值观
4	定期更新与调整	为了保持前厅的新鲜感和吸引力，应定期对绿植、花卉、艺术品和装饰画进行更新和调整。通过更换不同种类的植物、调整装饰画的摆放位置或引入新的艺术品等方式，让前厅环境始终保持活力和变化

3. 照明设计

前厅的照明设计应注意表 2-8 所示的几点要求。

表 2-8 照明设计要求

序号	要求	具体说明
1	光线明亮柔和	光线是营造舒适环境的关键因素之一。光线应足够明亮，确保客人能够清晰地看到前台、休息区以及其他重要区域，避免因光线不足而使客人产生不适感。同时，光线应柔和不刺眼，避免直射眼睛或造成眩光，让客人在进入前厅的第一时间就能感受到温馨与放松
2	灯光灵活可调	为了应对不同场合和需求，前厅的灯光应具备可调节性。例如：在白天或自然光线充足时，可以适当降低室内灯光亮度，以节省能源并与室外环境保持和谐统一；而在夜晚或需要营造特定氛围时，则可以增强灯光效果，通过调整灯光的色温、亮度等参数，来创造出温馨、浪漫、庄重等不同的视觉效果
3	灯光与空间相融合	照明设计还应充分考虑前厅的空间布局和装饰风格。通过合理的灯光布局和光影，可以突出前厅的装饰亮点，如艺术品、绿植等，使其更加引人注目；同时，也可以利用灯光来划分空间区域，引导客人的视线和流动路径，使前厅的整体布局更加合理和有序

4. 氛围营造

在氛围营造方面，可以采取表 2-9 所示的措施。

表 2-9　氛围营造措施

序号	措施	具体说明
1	轻音乐的运用	除了照明外，轻音乐也是营造前厅氛围的重要手段之一。通过播放柔和、舒缓的轻音乐，可以营造出一种轻松愉悦的氛围，让客人在等待或休息时能够放松心情、享受片刻的宁静。同时，音乐的选择也应与酒店的定位和风格相匹配，以彰显酒店的独特魅力和文化品位
2	合理设置音量	在播放音乐时，必须注意控制音量的大小。音量过大会干扰到客人的休息和交谈，降低他们的满意度；而音量过小则可能无法达到预期的氛围效果。因此，酒店应根据前厅的实际情况和客人的需求来合理设置音量大小，确保既能够营造出舒适愉悦的氛围，又不会对客人造成干扰
3	利用香薰机	可以使用香薰机，让前厅充满淡淡的香气，让客人在进入前厅时就能感受到清新宜人的气息。这种气息，就像是酒店的一张隐形名片，能让每一位踏入其中的客人都感受到独特的品牌魅力和文化底蕴
4	摆放装饰品	可以在前厅摆放一些与酒店主题相关的装饰品或艺术品，以增加前厅的文化内涵和艺术气息

5. 信息发布

前厅应设置清晰直观的信息发布区域，包括酒店的服务项目、价格、优惠活动等。方便客人了解酒店信息并做出选择。

6. 指引标识

前厅应设置明确的指引标识和指示牌，如电梯位置、洗手间方向等。方便客人快速找到所需设施或服务。

7. 清洁卫生

酒店前厅的卫生状况直接关系到酒店形象和客人满意度，因此前厅需要时刻保持卫生，为客人提供一个清洁、舒适的环境。具体要求如表 2-10 所示。

表 2-10　清洁卫生要求

序号	要求	具体说明
1	地面干净整洁	（1）地面应保持干净、整洁，无杂物、灰尘等 （2）定期进行日常清洁和机械性清洁，特别注意地毯和地板的清洁
2	前台干净整洁	（1）前台作为前厅的核心部分，需定期进行清洁，确保其干净整洁 （2）清洁时需注意保护计算机和其他敏感设备

续表

序号	要求	具体说明
3	空气清新	（1）保持前厅空气新鲜，定期检查并更换空调设备的灰尘过滤膜 （2）适时喷洒空气清新剂，保持空气清新度
4	定期消毒	（1）定期对前厅的公共区域，特别是洗手间等卫生重点区域进行消毒 （2）使用消毒剂进行深度清洁，杀菌效果更佳

第二节　客房服务与管理

客房是酒店的主要产品，是供客人住宿、休息、会客和洽谈业务的场所。客房部是酒店向客人提供住宿服务的部门，也是酒店的重要营业部门。可以说"客房部是酒店的心脏"，如果一家酒店的心脏停止跳动，那么该酒店营销、前厅、财务、工程等部门的运作，都会失去意义。因此，客房部在酒店中的地位是相当重要的。要做一名称职的酒店管理者，必须充分了解客房部的地位和作用，并依此制定工作目标和计划，有效地履行管理的职责。

一、客房卫生管理

为了给客人提供一个整洁、干净、舒适、安全的住宿环境，酒店管理者需从以下几个方面做好客房的卫生管理。

1. 制定卫生标准

客房卫生标准对于酒店的经营至关重要，它关系到酒店的形象和客人的健康。因此，酒店应参考表2-11所示的要求来严格制定客房卫生标准，确保客房卫生达标，令客人满意，从而提高酒店的竞争力。

表2-11　制定卫生标准的要求

序号	要求	具体说明
1	遵守法律法规与行业标准	必须深入研究并严格遵守国家和地方关于酒店卫生的法律法规，以及行业内普遍认可的卫生标准。这些标准通常涵盖了从房间清洁到消毒、从用品更换到废弃物处理的各个方面
2	结合酒店实际情况	在遵循普遍标准的基础上，酒店还应根据自身的设施条件、服务定位及客群特点，制定更具针对性的卫生标准。例如，高端酒店可能会对客房内的空气质量、噪声控制及床上用品的材质和更换频率有更高要求

续表

序号	要求	具体说明
3	细化操作规范	卫生标准不仅应设定目标，还应详细规定达到这些目标的具体操作方法和步骤。例如，对于房间清洁，应明确哪些区域需要每天清洁，哪些需要定期深度清洁；对于消毒处理，应规定使用的消毒剂种类、浓度、作用时间及操作流程等
4	建立监督机制	为确保卫生标准得到有效执行，应建立相应的监督机制，包括定期抽查、客户反馈收集及员工绩效考核等

2. 日常清洁与检查

日常清洁是保证客房卫生质量的基础工作。服务员需按照既定的操作规范，每天对客房进行全面而细致的清洁，具体如表2-12所示。

表2-12 日常清洁与检查要求

序号	操作	要求
1	整理床铺	包括更换床单、被罩、枕套等床上用品，确保床面平整无皱褶，并摆放好枕头、靠垫、装饰品等
2	清洁卫生间	彻底清洗马桶、面盆、浴缸等洁具，更换毛巾、浴巾等卫生用品，并检查排水是否畅通，无异味
3	更换用品	及时补充客房内的洗漱用品、茶叶包、矿泉水等消耗品，确保客人在入住时感受到便利和舒适
4	全面检查	在清洁完成后，服务员应对客房进行全面检查，确保无遗漏区域和未完成的清洁任务。同时，领班或主管也应进行逐项检查，确保卫生质量符合标准

3. 定期消毒与除螨

定期消毒与除螨是预防有害生物滋生、保障客人健康的重要措施，具体要求如表2-13所示。

表2-13 定期消毒与除螨的要求

序号	操作	要求
1	消毒处理	客房内的用品和设施应定期进行消毒处理。对于床上用品、毛巾、浴袍等布草类物品，可采用高温洗涤、紫外线照射或化学消毒剂浸泡等方式进行消毒；对于家具、地面等硬表面，可使用含氯消毒剂或酒精等进行擦拭消毒

续表

序号	操作	要求
2	除螨处理	螨虫是客房内常见的有害生物之一，其分泌物和排泄物可能引发人体过敏反应。因此，应定期对客房内的床垫、枕头、地毯等易滋生螨虫的物品进行除螨处理。这可以通过使用除螨仪、喷洒除螨剂或定期进行阳光暴晒等方式实现
3	记录与跟踪	为确保消毒与除螨工作的有效性和持续性，应建立相应的记录和跟踪机制。每次消毒与除螨工作完成后，应详细记录处理时间、使用的消毒剂种类、浓度及处理方法等信息，并定期进行效果评估和调整处理方案

4. 监督与检查

① 四级检查制度。采用员工自检、班组检查、部门检查、职能部门检查的四级检查制度。可通过常规检查、专项检查、暗查、暗访等方式进行。

② 奖惩制度。对卫生工作达标并受到表扬的员工给予奖励，对违反卫生规定或损坏卫生设备的员工给予处罚。

> **小提示**
>
> 服务员在清扫过程中，应尊重客人隐私，不随意翻动客人物品。如发现客人遗留物品，应及时上交并做好记录。

二、客房设备管理

客房设备管理的目标是确保设备的安全、完好、高效运行，延长设备使用寿命，降低维修成本，提高客人满意度和酒店服务质量。

1. 管理内容

客房设备管理主要包括表 2-14 所示的内容。

表 2-14　客房设备管理内容

序号	内容	具体说明
1	设备采购	（1）根据酒店等级、客房配置需求和市场行情，制订设备采购计划 （2）对供应商进行严格筛选，确保设备质量、性能和售后服务符合酒店要求 （3）签订采购合同，明确设备规格、数量、价格、交货时间等条款

续表

序号	内容	具体说明
2	设备配置	（1）按照客房布局和功能需求，合理配置各类设备，如空调、电视、冰箱、热水器等 （2）确保设备布局合理，使用方便，符合安全规范
3	设备保养	（1）制订设备保养计划，定期对设备进行清洁、检查、润滑、紧固等保养工作 （2）使用专业工具和材料，按照设备说明书和保养手册进行操作 （3）记录设备保养情况，建立设备保养档案
4	设备维修	（1）建立设备维修响应机制，确保设备出现故障时能够及时得到维修 （2）对维修人员进行专业培训，提高其维修技能和服务水平 （3）记录设备维修情况，分析故障原因，制定预防措施
5	设备报废	（1）对达到报废标准的设备进行评估和处理，避免继续使用带来的安全隐患和维修成本 （2）按照酒店规定和环保要求，对报废设备进行妥善处理

2. 管理职责

对于客房的设备管理，不同的人员有着不同的职责，具体如表 2-15 所示。

表 2-15　客房设备管理职责

序号	人员	管理职责
1	酒店管理者	（1）负责制定和落实设备管理制度，监督设备的使用和维护工作 （2）定期组织设备检查，评估设备管理效果，制定改进措施
2	设备管理员	（1）负责设备的日常检查、保养和维修工作 （2）编制设备保养计划和维修计划，并组织实施 （3）对设备进行编号、登记并建立档案管理体系，确保设备信息的准确性和完整性
3	客房服务员	（1）负责客房设备的日常清洁和简单维护工作 （2）发现设备故障或损坏时，及时向设备管理员报告并协助其处理

3. 管理要点

客房设备管理要点如表 2-16 所示。

表 2-16 客房设备管理要点

序号	要点	具体说明
1	规范化操作	（1）制定设备操作规程，确保员工按照规范操作设备 （2）对新员工进行设备操作培训，提高其操作技能并强化其安全意识
2	定期检查	（1）定期对设备进行全面检查，包括外观、性能、安全等方面 （2）及时发现并处理设备隐患，防止故障发生
3	维护保养	（1）加强对设备的维护保养工作，延长设备使用寿命 （2）使用合适的保养材料和工具，按照保养计划进行保养
4	环保节能	（1）在设备管理过程中注重环保和节能工作，选择环保材料和节能型设备 （2）加强设备能耗监测和管理，减少能源消耗和排放物
5	信息化管理	（1）利用信息化手段对设备进行管理，如建立设备管理系统、使用二维码标识设备等 （2）提高设备管理效率和准确性，降低管理成本

三、客房布草管理

酒店客房布草管理是一项细致且重要的工作，它直接关系到客户的住宿体验和酒店的品牌形象。

1. 布草申购与配备

（1）布草申购

新店开业前，客房部需根据楼层房间数及所需布草种类，按一定比例（通常为1∶3，即一个房间配备三套布草，房间使用一套、储备一套、洗涤周转一套）进行申购。已营业酒店应根据布草报废比例和库存情况，每半年或按实际需求进行申购。

（2）布草配备

布草到店后需清点数量，按规格、型号、品类整齐摆放至仓库或布草间。分配至各楼层时，需制作楼层布草配比表并张贴于布草间显眼位置，确保每层布草数量充足且符合标准。

2. 日常使用与管理

（1）责任到人

每个楼层应指定布草管理员，负责该楼层布草的收发、洗涤质量控制及数量盘点等工作。服务员需对各自负责的布草数量及质量负责，出现损坏或遗失需及时报告并处理。

（2）分类存放

工作间应划定脏布草存放区域，避免二次污染。撤换的脏布草需分类集中存放，如床单、被套、枕套等与浴巾、面巾、地巾等应分开存放。有特殊污渍（如血迹、鞋油渍、红酒渍等）的布草需单独存放，并告知洗涤公司做特殊处理。

（3）清洗与更换

客房服务员需每日更换客房内的布草，并在客房工作表中记录换洗数量。发现洗涤不干净或损坏的布草应及时处理，如要求洗涤公司返洗或退回，并做好记录。

3. 洗涤与交接

（1）与洗涤公司合作

酒店应与洗涤公司签订合作协议，明确洗涤质量、时间、数量等。洗涤公司需按时收送布草，并使用布草袋或打包袋装好，严禁使用脏袋子打包。

（2）交接流程

洗涤公司送回干净布草时，客房服务员需清点数量和品类，并抽检洗涤质量。双方确认无误后在楼层布草洗涤交接表上签字确认。如有缺失或损坏，需记录并要求洗涤公司赔偿。

4. 报废与处理

（1）报废标准

布草出现发黄发乌、破损、边线开裂、毛边和烂边等情况时，服务员需及时报告客房部进行报废处理。客房部负责人需定期（如每月）检查布草报废情况，并填写棉织品报废报损汇总表提交审批。

（2）处理流程

报废布草需经酒店财务部和总经理审批后，方可进行报废处理。报废布草应建立账目并做明显标识，以便与正常使用的布草区分开。

5. 监督与检查

（1）日常监督

客房主管或领班应每周不定期对楼层布草间进行抽查，确保布草数量充足、质量合格。服务员需每日记录布草送洗数、收回数、欠数、返洗数等情况，并交领班汇总。

（2）月度盘点

每月由财务部与客房部组织一次部门布草盘点，核对库存数量与记录是否一致。盘点过程中发现的耗损需登记入账，并进行相应处理。

四、客房易耗品管理

客房中易耗品的数量与质量能直接影响酒店服务质量、客人满意度、成本控制效率与环境保护成效,需要对其进行有效的管理。具体措施如图 2-6 所示。

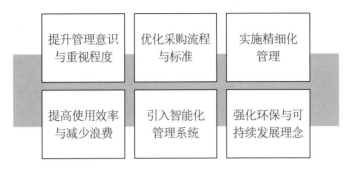

图 2-6　客房易耗品管理措施

1. 提升管理意识与重视程度

酒店管理层应充分认识到易耗品管理的重要性,将其纳入酒店整体运营策略中。成立专门的易耗品管理小组,负责易耗品的采购、使用、盘点和成本控制等工作。

2. 优化采购流程与标准

酒店应制定易耗品采购标准,规定易耗品的品牌、质量、价格等,确保采购的易耗品符合酒店定位和客人需求。对于常用且需求量大的易耗品,可采用集中采购的方式降低成本;对于特殊或需求量小的易耗品,可采用分散采购的方式满足个性化需求。

另外,对供应商应进行资质鉴定,建立长期合作关系,确保易耗品供应的稳定性和质量可靠性。

3. 实施精细化管理

① 根据易耗品的种类和使用频率进行分类管理,如将客房用品、清洁用品等分开存放和管理。

② 根据酒店开房率和历史消耗数据调整易耗品库存量,避免库存过多导致资源浪费或库存过少影响客人体验。

③ 定期对易耗品进行盘点,分析消耗数据,找出异常消耗的原因并采取措施加以改进。

4. 提高使用效率与减少浪费

① 根据客人需求和使用习惯精准投放易耗品,如按需补给泵装牙膏等。

② 对于可回收利用的易耗品，如沐浴露、洗发露等的空瓶，要进行回收再利用或统一处理以减少浪费。

③ 加强关于易耗品使用的培训，增强员工节约意识，提高其操作规范性。

5. 引入智能化管理系统

① 引入先进的易耗品管理系统，利用 RFID（射频识别）技术、二维码技术等，实现对易耗品的实时监控和精准管理。

② 利用系统数据进行深度分析，预测易耗品的消耗趋势和需求变化，为采购和库存管理提供科学依据。

6. 强化环保与可持续发展理念

① 积极推广使用环保材质的易耗品，减少对环境的影响。

② 利用酒店宣传册、客房提示卡等工具向客人倡导绿色消费理念，共同推进资源节约和环境保护事业。

> **小提示**
>
> 酒店管理者应根据酒店的实际情况，加强对易耗品的控制，使易耗品的采购、储存、使用等环节得到有效的监督并连贯起来，这样就能减少成本，提高酒店经济效益。

五、规范客房服务流程

客房服务以客人来、住、走的活动为主线。从服务操作系列化的要求来看，主要是贯彻执行图 2-7 所示的"八字"工作法。

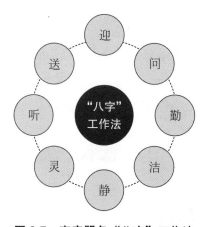

图 2-7 客房服务"八字"工作法

1. 迎

礼貌大方，热情迎客。客人来到客房，主动迎接，这既是对客人的礼貌和敬意。又是给客人留下良好第一印象的重要条件。具体来说，热情迎客，要做到图 2-8 所示的几点。

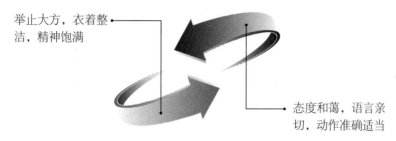

图 2-8　热情迎客的要求

2. 问

热情好客，主动问好。在客人住店的过程中，服务员要像对待自己的亲人一样关心爱护客人，体现主人翁责任感。要主动向客人问好，关心他们的生活起居、身体状况、生活感受，主动询问他们的要求，满足他们的爱好。

3. 勤

工作勤快，敏捷稳妥。"勤"是服务人员事业心和责任感的重要体现，要做到手勤、眼勤、嘴勤、腿勤。具体如图 2-9 所示。

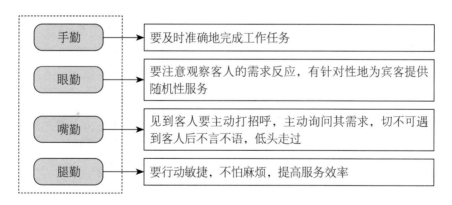

图 2-9　"勤"的要求

4. 洁

保持房间清洁，严格落实卫生标准。房间清洁卫生是客人的基本要求之一。服务人员每次整理客房、卫生间、会客室、书房后，都要严格做到消毒，消除使用痕迹，保证各种设备、用具和生活用品清洁、美观、舒适。

5. 静

动作轻稳，保持安静也是优质服务的基本要求。服务人员在准备用品、打扫卫生时要做到敲门轻、说话轻、走路轻。服务过程中，不得大声喧哗、吵闹、唱歌。随时保持客房、楼道的安静气氛，以体现客房服务的文明程度。

6. 灵

灵活机动，应变力强。服务人员在服务过程中必须具有较强的应变能力，要根据客人的心理特点、特殊爱好采用灵活多样的服务方法。如对于动作迟缓、有残疾的客人应特别照顾，对于性格开朗的客人说话可以随和一些等。

7. 听

眼观六路，耳听八方。服务人员要随时留心观察客人情况，征求客人意见，随时发现服务过程中的问题和不足。一旦发现，就要及时改进和弥补。

8. 送

送别客人，善始善终。用礼貌用语和真诚的语气，向客人表达对他们光临的感激之情，询问客人是否还有其他需要协助的事项。要知道，客人离店既是客房服务的结束，又是下一轮服务工作的开始。

六、强化客房服务态度

服务态度是服务人员思想觉悟、服务意识和业务素质的集中表现，是规范化服务的基本要求。要实现客房服务态度优良化应做到图 2-10 所示的几点。

图 2-10　实现客房服务态度优良化的要点

1. 热情友好

微笑是人际交往中最具感染力的"语言"，它能够迅速拉近人与人之间的距离。在酒店客房服务中，服务人员应当始终保持真诚的微笑，让客人感受到宾至如归的温暖。无论是与客人初次见面还是多次接触，微笑都应当成为服务人员的标志性表情，让客人感受到酒店的热情与友好。

当客人进入房间或走廊时，服务人员应主动上前打招呼，并询问客人是否有任何需要帮助的地方。这种主动问候不仅体现了服务人员的专业素养，更能让客人感受到被重视和关怀。通过主动问候，服务人员可以及时了解客人的需求，并提供更加贴心的服务。

2. 专业高效

客房服务人员需要具备丰富的专业知识，包括房间设施的使用方法与维护保养技巧、紧急情况的应对措施等。这样，当客人遇到问题时，服务人员能够迅速给出准确的答案和解决方案，提高客人的满意度和信任度。同时，扎实的专业知识也是服务人员提供优质服务的基础和保障。

同时，客房服务人员应具备快速响应客人需求的能力。无论是客人需要加急整理房间、更换床单被罩还是提供其他服务，服务人员都应在最短时间内给予回应和处理。这种迅速响应的态度能够减少客人的等待时间，提升服务效率和质量。

3. 细致周到

客房服务人员应关注每一个细节，确保房间整洁、舒适、安全。在整理房间时，服务人员应仔细检查并补充客人可能需要的物品，如纸巾、矿泉水、茶叶等。同时，服务人员还应关注房间内的设施是否完好、卫生是否达标等细节问题，确保客人能够享受到高品质的住宿体验。

为了提供更加贴心的服务，客房服务人员应了解并记住客人的特殊需求或喜好。

比如，有的客人可能喜欢较低的室温或较软的枕头，有的客人可能有过敏史需要特殊关注等。

服务人员应根据客人的需求和喜好提供相应的个性化服务，让客人感受到更加舒适和温馨的住宿氛围。

4. 尊重隐私

客房服务人员应尊重客人的隐私和个人空间。在提供服务时，服务人员应避免在不必要的情况下打扰客人或窥探客人的私人生活。

比如，在整理房间时应先敲门并征得客人同意后再进入，在客人休息时应尽量减少噪声干扰等。

通过这些措施，服务人员能够保护客人的隐私权益，让客人获得更加安心和放心的住宿体验，同时还能够体现服务人员的专业素养和细致周到的服务态度。

5. 耐心倾听

客房服务人员应具备耐心倾听客人需求和意见的能力。当客人提出问题或建议时，服务人员应认真倾听并理解客人的意图和需求，不要打断客人的讲话或表现出不耐烦的情绪。通过耐心倾听，服务人员能够及时了解客人的需求和意见，并采取相应的措施加以解决和改进。

对于客人的问题和建议，服务人员应给予积极的反馈并提供解决方案。如果问题能够立即解决，服务人员应立即采取行动并告知客人处理结果；如果问题需要耗费一定时间去解决或无法立即解决，服务人员应向客人解释原因并承诺尽快处理。这种积极反馈的态度能够让客人感受到被重视和尊重，提高客人的满意度和忠诚度。

6. 礼貌用语

客房服务人员在与客人交流时应使用礼貌、得体的语言。无论是问候、询问还是回答问题，服务人员都应注重礼貌用语的使用；避免使用粗俗、不恰当的词语或语气。通过使用礼貌用语，服务人员能够展现自己的专业素养和文明素质，同时也能够让客人感受到被尊重和关怀。

另外，酒店是一个国际化的场所，客房服务人员需要面对来自不同国家和地区的客人。因此，服务人员应尊重客人的文化背景和习惯差异，避免因为文化差异而产生误解或冲突。在提供服务时，服务人员应了解并尊重客人的习俗和信仰，同时也要注意自己的言行举止是否符合当地的文化规范。

第三节　餐饮服务与管理

在酒店行业中，餐饮部扮演着至关重要的角色。餐饮部不仅为酒店带来可观的经济收入，而且通过满足客人的餐饮需求，提高服务质量，可以提高客人的满意度和酒店的口碑。

一、改善餐饮环境

在提升餐饮服务质量与客人满意度的过程中，改善餐饮环境是至关重要的一环。这不仅仅关乎物理空间的布置与设计，更涉及客人心理感受的营造，是酒店品牌形象的重要体现。对此，酒店管理者可从图 2-11 所示的几个方面来改善酒店的餐饮环境。

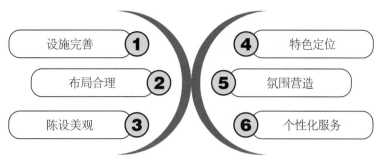

图2-11 改善餐饮环境的要点

1. 设施完善

餐厅应确保所有基础设施如照明系统、通风系统、温控系统、音响设备等均达到行业标准并运行良好。好的照明系统能够改善菜品色泽,增强食欲;合理的通风系统则能保持空气新鲜,减少异味;温控系统则让客人在四季都能享受到适宜的就餐温度。

此外,餐具、桌椅等直接接触客人的物品需定期更换与清洁,确保卫生安全。

2. 布局合理

餐厅的布局应充分考虑客人流线、服务效率与私密性需求。入口、通道、座位区、收银台等区域需精心规划,避免拥堵;同时,通过合理的流线设计,引导客人顺畅移动,提高服务效率。

座位安排应兼顾私密性与社交性,既能为需要私密空间的客人提供包厢或隔断座位,也能为喜欢热闹氛围的客人设置开放区域。

3. 陈设美观

餐厅的装饰陈设应与其整体风格相协调,通过艺术品、绿植、特色装饰物等元素的巧妙搭配,营造出既美观又富有文化氛围的就餐环境。这些细节不仅能提升餐厅档次,还能让客人在享受美食的同时,感受到视觉上的愉悦。

4. 特色定位

根据酒店的整体定位(如高端奢华、商务休闲、家庭亲子等)和目标客群的需求,打造独具特色的餐饮环境。

比如,对于主打文化的酒店,可以设立主题餐厅,如历史风情、地方特色或国际美食主题,让客人在品尝美食的同时,也能体验到文化的魅力。

5. 氛围营造

氛围的营造是提升用餐体验的关键。通过灯光、色彩、音乐、香气等多种感官元素的综合运用，营造出与菜品特色相匹配的用餐氛围。

比如：在海鲜餐厅中使用蓝色或白色的灯光，搭配轻柔的海浪声，能让客人仿佛置身于海边；而在法式餐厅中，则可以通过柔和的灯光、精致的餐具和优雅的音乐，营造出浪漫而高雅的氛围。

6.个性化服务

除了打造硬件设施外，个性化服务也是改善餐饮环境的重要方面。服务员应具备良好的职业素养和服务意识，能够根据客人的需求和喜好，提供定制化的服务体验。

比如，为庆祝特殊日子的客人准备惊喜、为儿童提供专属餐具和玩具等，都能让客人感受到宾至如归的温暖。

二、推行标准化管理

推行标准化管理是提升客人满意度、酒店品牌形象及确保服务质量稳定的关键举措。这不仅有助于提升工作效率，还能为客人带来可预期且高品质的用餐体验。

1.服务标准化

要想做到服务标准化，可从图2-12所示的几个方面来着手推进。

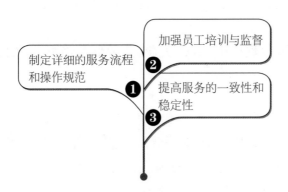

图2-12　推进服务标准化的措施

（1）制定详细的服务流程和操作规范

酒店应基于客人需求、行业最佳实践及自身特色，设计出一套详尽的服务流程。这一流程应覆盖从客人进餐厅、点餐、用餐到离开的全过程，包括迎宾、引导入座、推荐菜品、下单、上菜、席间服务、结账及送别等环节。同时，针对每个环节，制定明确的操作规范，如迎宾时的标准用语、坐姿和站姿要求、点单时的推荐话术、上菜时的顺序与摆盘规范等，确保每位员工都能按照统一的标准执行。

（2）加强员工培训与监督

制定好服务流程和操作规范后，重要的是要对员工进行系统的培训，确保他们充分理解并掌握这些标准。培训应结合实际场景模拟,让员工在实践中学习和掌握服务技巧。此外,酒店还需建立有效的监督机制,通过定期考核、现场巡查、收集客人反馈等方式,对服务流程的执行情况进行监督,及时发现问题并予以纠正,确保服务标准的持续落实。

（3）提高服务的一致性和稳定性

标准化服务的核心在于提高服务的一致性和稳定性。通过制定并执行统一的服务流程和操作规范,可以有效减少服务过程中的随意性和差异性,确保每位客人无论何时来到餐厅,都能享受到相同的高品质服务体验。这不仅有助于提升客人忠诚度和回头率,还能为酒店树立良好的口碑,吸引更多潜在客人。

2. 菜品标准化

要想做到菜品标准化,可从图 2-13 所示的几个方面来着手推进。

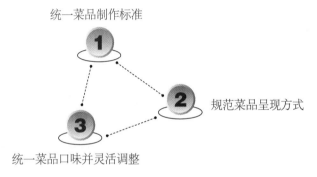

图 2-13 推进菜品标准化的措施

（1）统一菜品制作标准

为了确保菜品质量的稳定性和一致性,酒店需要对菜品的制作标准进行统一规定。这包括食材的选择与预处理、烹饪方法、调味比例、烹饪时间等多个方面。通过制定详细的操作手册或配方表,明确每道菜品的制作流程和关键控制点,确保厨师在制作过程中能够按标准操作,减少人为误差,提高菜品稳定性和口感一致性。

（2）规范菜品呈现方式

菜品的呈现方式也是影响客人用餐体验的重要因素之一。酒店应对菜品的装盘、摆盘、装饰等方面进行统一规范,确保每道菜品在呈现时都能达到美观、整洁、吸引人的效果。这不仅能够提升菜品的整体价值感,还能激发客人的食欲,提升其用餐体验。

（3）统一菜品口味并灵活调整

口味的统一是菜品标准化的重要内容之一。酒店应根据客人口味偏好和市场需求,对菜品的口味进行统一规定,并在实际操作中保持口味的一致性。同时,酒店还需关注客人反馈和市场需求的变化,适时对菜品口味进行调整和优化,以满足客人的多元化需求。这种既保持统一又灵活调整的策略,有助于酒店在激烈的市场竞争中保持领先地位。

三、注重菜品创新

菜品创新是吸引客人、保持品牌活力和竞争力的关键所在。通过不断推陈出新，酒店能够满足客人日益增长的多样化需求，同时也能在市场中树立独特的品牌形象。

1. 创新策略

酒店业是一个"喜新厌旧"的行业，如何满足客人"吃新、吃特"的消费要求，是酒店业不断创新的动力所在。具体来说，菜品创新应涵盖图2-14所示的几个方面。

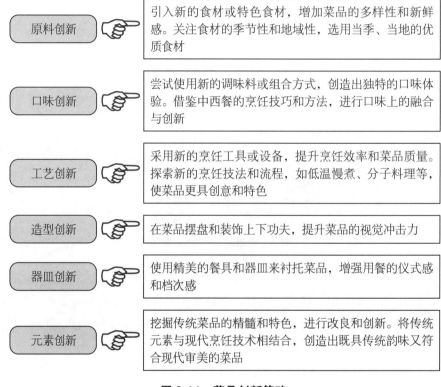

图 2-14　菜品创新策略

2. 菜品创新的注意事项

① 迎合市场需求。菜品创新应充分考虑客人的需求和喜好，包括健康、口味、文化体验等方面。根据不同季节、节日或特殊活动推出应季菜品或主题菜品。

② 注重色香味形俱佳。在创新过程中，不仅要追求口味的独特性和新颖性，还要注重菜品的色彩搭配、香气营造和美观形态。通过精细的刀工、巧妙的摆盘和创意的装饰，给客人带来视觉和嗅觉享受。

③ 强调安全与卫生。确保所有食材的新鲜度和安全性，严格遵守食品安全卫生标准。

在烹饪过程中注意卫生，确保菜品无污染、无异物。

④ 融入文化内涵。将地方特色、历史文化等元素融入菜品创新中，提升菜品的文化内涵和附加值。通过菜品名称、介绍或菜品故事等形式，向客人传递文化信息，增强客人的体验感。

四、优化菜单设计

菜单设计不仅是餐饮生产经营决策的体现，也是组织餐饮生产与服务的首要环节。它标志着餐厅菜品的特色和水准，通过详细注明菜品的原料、烹饪技艺和服务方式等，给客人留下深刻印象。菜单既是艺术品又是宣传品，精美的菜单设计可以增加客人的食欲，同时也是餐厅的主要广告宣传品。酒店管理者可从图 2-15 所示的几个方面来优化菜单设计。

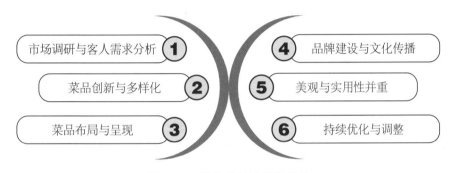

图 2-15　优化菜单设计的措施

1. 市场调研与客人需求分析

通过市场调研、客人反馈收集等方式，了解目标客人群体的口味偏好、饮食习惯及特殊需求（如素食、无麸质等）。研究同地区或同类型酒店的菜单设计，了解市场趋势和竞争态势，以便制定差异化的菜单设计策略。

2. 菜品创新与多样化

结合酒店特色与客人需求，定期推出新菜品，增加菜单的吸引力。新菜品可以包括地方特色菜、国际美食、健康轻食等。

酒店可提供多样化的菜单选择，满足不同客人的口味需求。例如，设置前菜、主菜、甜品、饮品等多个类别，每个类别下再细分多种菜品。

3. 菜品布局与呈现

菜单上菜品的布局应清晰明了，便于客人快速找到心仪的菜品。可以按照菜品类型、口味、价格等因素进行分类布局。将招牌菜品、特色菜品或推荐菜品放在菜单的显眼位置，并使用醒目的字体、图片或特殊标记进行标注。

4. 品牌建设与文化传播

在菜单中融入酒店品牌元素，如品牌标志、品牌故事等，提高品牌识别度和客人忠诚度。通过菜单介绍菜品背后的文化故事、烹饪工艺等，提升客人的用餐体验。

5. 美观与实用性并重

菜单的设计应注重美观性，采用合适的颜色、字体和图片，提升客人的视觉体验。同时，菜单上应提供清晰的菜品名称、价格、成分、口味描述等实用信息，方便客人做出选择。

6. 持续优化与调整

定期对菜单进行评估和调整，根据客人反馈、销售数据等因素进行优化。

① 在节假日等特殊时期，灵活调整菜单内容，推出应季菜品或特色活动套餐。

② 根据市场需求和客人反馈，定期更新菜单内容，推出新菜品或调整旧菜品，保持菜单的新鲜感和吸引力。

③ 根据季节变化调整菜单内容，如夏季提供清爽的凉菜和饮品，冬季则提供热腾腾的汤品和炖菜等。

> **小提示**
>
> 酒店可利用电子菜单、二维码点餐等技术手段，提高点餐效率，提升客人用餐体验。数字化菜单还可以实现个性化推荐、在线支付等功能。

五、菜品合理定价

酒店应根据菜品成本、市场定价及客人支付意愿，制定合理的价格策略。避免价格过高导致客人流失，也要避免价格过低影响品牌形象。具体来说，在定价时，应考虑表2-17所示的因素。

表2-17　菜品定价应考虑的因素

序号	考虑因素	具体说明
1	成本因素	（1）食材成本。食材的采购价格是直接影响菜品成本的关键因素。不同季节、产地、品质的食材价格差异较大，酒店需要根据实际情况进行灵活采购。除了食材本身的成本外，还需要考虑食材的损耗率，以确保定价能够覆盖所有成本

续表

序号	考虑因素	具体说明
1	成本因素	（2）人工成本。包括厨师、服务员等员工的工资、福利和培训费用等。人工成本是餐饮部运营成本的重要组成部分，需要在定价中予以充分考虑 （3）固定成本分摊。如房租、水电费、设备折旧费等固定费用需要分摊到每道菜品中。这些费用虽然不随菜品销售量的变化而变化，但仍然是影响菜品定价的重要因素
2	市场需求	酒店需要了解目标客人群体的需求和偏好，以及他们对价格的敏感度。根据市场调研和客人反馈，可以制定更符合市场需求的定价策略
3	竞争状况	酒店需要关注同类酒店或餐厅的定价水平和营销策略，以确保自身定价具有竞争力。同时，也需要根据自身的品牌定位和差异化优势来制定独特的定价策略
4	品牌形象与口碑	酒店的品牌形象和口碑是影响客人购买决策的重要因素。具有良好品牌形象和口碑的酒店餐饮部通常能够制定更高的价格并能获得客人的认可
5	季节变化与节假日	酒店需要根据季节变化和节假日等特殊时期的市场需求来调整定价策略。例如，在旅游旺季或重要节日期间提高价格以获取更高的利润
6	政策与法规	酒店需要遵守国家和地方的政策与法规，如价格标签规范、税费缴纳的相关规定等。这些要求可能会对定价产生一定的影响

 相关链接

常见的菜品定价方法

1.成本加成定价法

这种方法基于菜品的直接成本（如食材成本）和间接成本（如将房租、人工费、水电费等固定费用分摊到每道菜品后的成本），以及预期的利润率来确定售价。

优点：简单易行，能确保酒店的基本利润。

缺点：可能忽略了市场需求和竞争状况，导致价格与市场脱节。

2.竞争定价法

参考同类酒店或餐厅的定价水平，确保自身定价具有竞争力。

通过市场调研，了解竞争对手的价格策略、菜品质量、客人评价等信息，以此为依据制定自己的价格。

优点：能够迅速适应市场变化，保持竞争优势。

缺点：如果过度依赖竞争对手，可能忽视自身的独特性和差异化优势。

3.价值定价法

一种基于产品或服务的实际价值来确定价格的定价策略。强调菜品的质量、口感、创意、服务等综合价值，根据客人对菜品价值的感知来定价。

优点：能够提升品牌形象，吸引愿意为高品质菜品支付更高价格的客人。

缺点：对菜品质量和服务水平要求较高，需要酒店具备强大的品牌影响力和较高的客人忠诚度。

4.奇数定价法

利用客人对价格的敏感心理，将价格设定为奇数（如19.9元而非20元），给客人一种价格更实惠的感觉。

优点：能够刺激客人的购买欲望，提升销量。

缺点：如果过度使用，会让客人产生不信任感。

5.整数定价法

对于高档菜品或特色菜品，采用整数定价法（如定价为98元而非95元），以彰显其高品质和独特性。

优点：能够提升菜品的档次感，吸引追求品质的客人。

缺点：可能导致部分对价格敏感的客人流失。

6.季节和节日定价

根据季节变化和节日特点，调整菜品价格以吸引客人。例如，在旅游旺季或重要节日期间提高价格，以获取更高的利润。

优点：能够灵活应对市场变化，提升酒店盈利能力。

缺点：需要酒店具备敏锐的市场洞察力和预测能力。

7.套餐定价

提供多种套餐选择，以满足不同客人的需求。套餐定价通常比单点更优惠，有助于提升客人满意度和客单价。

优点：能够提升客人的消费体验，以及酒店整体销售额。

缺点：需要酒店具备强大的产品研发和组合能力。

8.折扣和促销

通过折扣、优惠券、买一赠一等促销手段吸引客人消费。这些活动可以在特定时间段内举行，如开业初期、节假日或淡季等。

优点：能够迅速提升销量和知名度。

缺点：如果过度使用，会损害品牌形象和长期盈利能力。

第三章
酒店人力资源管理

第一节 员工招聘管理

酒店员工招聘管理是一个系统而复杂的过程,它涉及招聘需求的确定、招聘计划的制定、招聘信息的发布、简历筛选、面试选拔、录用和入职等多个环节。通过科学合理的招聘流程和管理措施,酒店可以吸引到优秀的人才并确保员工队伍的稳定和壮大,从而为酒店的发展壮大提供有力的保障。

一、招聘需求确定

在酒店的运营管理中,招聘需求的准确确定是构建高效团队、保障服务质量与推动业务发展的关键一步。这一过程涉及对多个维度的深入分析与评估,以确保招聘计划既符合当前运营需求,又能为酒店的未来发展奠定坚实的人才基础。具体来说,确定招聘需求可从图 3-1 所示的三个方面入手。

图 3-1 确定招聘需求的方法

1. 工作量评估

酒店管理者需要对各部门的工作量进行评估,以确定需要招聘哪些岗位和职位。具体评估方法和内容如表 3-1 所示。

表 3-1 工作量评估

序号	评估方法	评估内容
1	部门工作量细化	酒店管理者需细致考察前台接待、客房服务、餐饮服务、安保、财务、人力资源等各部门的具体工作量。这包括日常运营任务量、季节性波动(如旅游旺季)、特殊活动(如会议、婚礼)等因素对工作量的影响
2	岗位需求识别	基于工作量评估,明确哪些岗位因工作量增加而需要增员,哪些岗位因技术升级或流程优化而需要调整人员配置。例如:客房入住率持续上升,可能需要增加客房服务员的数量;若酒店计划引入新的餐饮服务系统,则可能需要招聘具备相关技能的 IT 支持人员

2. 离职情况分析

酒店管理者应对现有员工的离职情况进行分析，预测未来可能的人员流失，从而确定招聘的数量和时间节点。具体如表3-2所示。

表3-2　离职情况分析

序号	分析要点	具体说明
1	离职率统计	定期统计各部门的离职率，识别离职率较高的岗位或部门。高离职率可能意味着该岗位的工作条件、薪酬福利或职业发展机会存在问题，需要引起重视
2	离职原因	通过离职面谈、员工满意度调查等方式，深入了解员工离职的具体原因。这些原因可能包括工作压力大、对薪酬不满意、职业发展受限、工作环境不佳等。根据离职原因，酒店可以针对性地改进管理策略，减少不必要的人员流失
3	预测未来流失	结合历史离职数据和当前员工满意度调查结果，预测未来一段时间内可能出现的人员流失情况。这有助于酒店提前制订招聘计划，避免因人员短缺而影响服务质量

3. 未来发展规划

酒店管理者应结合酒店的未来发展规划，确定招聘的岗位和职位是否符合酒店的长远发展要求。具体如表3-3所示。

表3-3　未来发展规划分析

序号	分析要点	具体说明
1	市场趋势分析	关注旅游行业的市场动态、消费者需求变化以及竞争对手的策略调整，以便为酒店的未来发展规划提供参考。例如，预测到未来一段时间内商务旅行需求将增加，酒店可能需要加强商务客房和会议设施的建设，并相应招聘具备商务服务能力的员工
2	业务扩张计划	如果酒店有开设新店、拓展新业务领域或升级现有设施的计划，那么招聘需求将直接受到这些计划的影响。管理层需要根据业务扩张的具体需求，确定需要招聘的岗位、职位数量及其所需的专业技能和经验
3	人才储备与培养	除了满足当前和短期的招聘需求外，酒店还应考虑未来的人才储备和培养计划。通过招聘具有潜力的年轻员工或实习生，并为他们提供系统的培训和职业发展机会，酒店可以逐步建立起一支稳定、高素质的人才队伍，为酒店的长期发展提供有力支持

二、制订招聘计划

制订招聘计划是确保招聘活动有序进行、高效完成的关键步骤。这一计划需要综合考虑图 3-2 所示的几个方面,以确保招聘到的员工能够满足酒店当前及未来的运营需求。

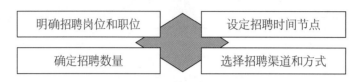

图 3-2　制订招聘计划需考虑的内容

1. 明确招聘岗位和职位

在制订招聘计划的初期,首先需要明确需要招聘的具体岗位和职位。这要求酒店管理层根据前期进行的招聘需求分析,清晰地界定出哪些岗位因工作量增加、人员流失或业务扩展等原因需要补充人员。同时,还需要明确每个岗位的具体职责、任职要求以及期望的工作绩效,以便在后续的招聘过程中能够有针对性地筛选合适的候选人。

2. 确定招聘数量

确定招聘数量需要考量多方面因素,具体如图 3-3 所示。

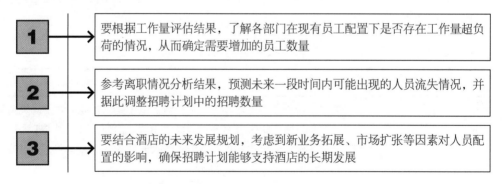

图 3-3　确定招聘数量需考量的因素

3. 设定招聘时间节点

招聘时间节点的设定对于招聘计划的顺利执行至关重要。一方面,要根据酒店的运营情况,选择对酒店运营影响最小的时间段进行招聘活动,以确保招聘过程不会干扰到酒店的正常运营。另一方面,还需要根据招聘需求的紧迫程度,合理安排招聘活动的起止时间,确保在预定的时间内完成招聘任务。此外,还可以根据候选人的求职周期和市场动态,灵活调整招聘时间节点,以提高招聘效率和质量。

4. 选择招聘渠道和方式

根据招聘的岗位和职位特点，可以选择不同的招聘渠道和方式。

比如：对于技术性较强的岗位，可以借助专业的招聘网站或委托猎头公司进行招聘；对于基层员工岗位，可以考虑通过校园招聘、社会招聘等方式进行；同时，还可以利用内部推荐制度，鼓励现有员工推荐合适的候选人加入酒店。

在选择招聘渠道和方式时，酒店需要考虑成本效益和招聘效果之间的平衡，确保以最小的成本获得最佳的招聘效果。

三、发布招聘信息

发布招聘信息是招聘流程中至关重要的一步，它直接关系到能否吸引到足够数量且质量符合要求的求职者。因此，在编写、发布招聘信息时，需要格外注意信息的准确性、全面性和吸引力。

1. 编写招聘信息

编写的招聘信息应达到表 3-4 所示的要求。

表 3-4　编写招聘信息的要求

序号	要求	具体说明
1	详细阐述岗位职责	招聘信息中应明确列出所招聘岗位的具体职责，包括日常工作内容、所需承担的责任以及期望达到的工作成果。这有助于求职者了解该岗位的工作性质和要求，从而判断自己是否适合该岗位
2	明确任职要求	除了岗位职责外，招聘信息中还应清晰列出岗位的任职要求，包括对求职者教育背景、工作经验、专业技能、语言能力、性格特点等方面的要求。这些要求应与岗位的实际需求相匹配，既不过于苛刻也不过于宽松，以确保吸引到合适的求职者
3	强调酒店企业文化和福利待遇	在招聘信息中，可以适当介绍酒店的企业文化、工作氛围以及为员工提供的福利待遇（如薪酬福利、培训发展、晋升机会等）。这些信息有助于提升酒店的吸引力，让求职者感受到酒店对员工的关怀和重视
4	语言简洁明了	编写招聘信息时，应使用简洁明了的语言，避免使用过于晦涩难懂的专业术语或长句。同时，要注意信息的条理性和逻辑性，让求职者能够一目了然地了解岗位信息和要求

2. 选择发布渠道

编写好的招聘信息可以通过表 3-5 所示的渠道进行发布。

表 3-5 招聘信息的发布渠道

序号	渠道	具体说明
1	招聘网站	利用专业的招聘网站发布招聘信息是一种常见的做法。这些网站通常拥有庞大的求职者数据库和完善的搜索功能，能够帮助酒店快速找到符合要求的求职者。在选择招聘网站时，应考虑网站的知名度、用户活跃度以及行业针对性等因素
2	社交媒体平台	随着社交媒体平台的普及和发展，越来越多的酒店开始利用社交媒体平台发布招聘信息。通过在微博、微信公众号、抖音等社交媒体平台上发布招聘信息，酒店可以接触到更广泛的潜在求职者群体，并借助社交媒体平台的传播力量提高招聘信息的曝光率
3	酒店官方网站	在官方网站上设置专门的招聘板块或页面，可以方便求职者随时了解酒店的招聘动态和岗位信息。同时，官方网站上的招聘信息也具有一定的权威性和可信度，有助于提升酒店的品牌形象和求职者对酒店的信任度
4	其他渠道	除了上述渠道外，酒店还可以根据自身实际情况选择其他适合的招聘渠道和方式，如校园招聘、内部推荐、行业招聘会等。这些渠道各具特色，可以根据招聘需求和目标求职者的特点进行灵活选择和组合

3. 确保信息准确性

在发布招聘信息时，确保信息的准确性和完整性至关重要。这要求酒店相关部门对招聘信息进行仔细核对和审查，避免出现错别字、语法错误或信息遗漏等问题。同时，还需要确保招聘信息中的联系方式、投递方式等关键信息准确无误，以便求职者能够顺利与酒店取得联系并投递简历。

四、简历筛选

有效的简历筛选能够帮助酒店快速定位到合适的候选人，为后续的招聘决策提供有力支持。具体步骤如图 3-4 所示。

图 3-4 简历筛选的步骤

1. 收集简历

在招聘信息发布后，酒店应密切关注各招聘渠道的反馈情况，及时收集求职者投递的简历。这包括求职者通过招聘网站、社交媒体、酒店官方网站等在线渠道提交的电子简历，以及通过邮件、邮寄等方式投递的纸质简历。

为了方便管理和查询，酒店应建立专门的简历库或利用招聘管理系统来存储收集到的简历。这些简历应按照一定的分类标准（如岗位、投递时间等）进行整理，以便后续进行筛选和比较。

2. 初步筛选

在进行初步筛选前，酒店应明确招聘需求和岗位的具体要求，包括学历、工作经验、专业技能、性格特点等方面要求。这些要求将成为筛选简历的重要依据。

初步筛选时，招聘人员可以快速浏览简历中的关键信息（如求职者个人信息、教育背景、工作经历等），与招聘需求进行比对。对于明显不符合要求的简历，可以迅速排除；而对于符合或接近要求的简历，则应保留下来进行进一步评估。

在筛选简历时，招聘人员还应注意一些细节问题，如简历的排版是否整齐美观、语言表达是否清晰、有无明显的逻辑错误等。这些细节问题虽然不影响候选人的基本素质和能力水平，但可以在一定程度上反映候选人的职业素养和态度。

3. 进一步沟通

对于初步筛选出的候选人，招聘人员可以通过电话方式进行初步沟通。电话沟通的主要目的是了解候选人的基本情况和求职意愿，包括其目前的职业状态、离职原因、对岗位的理解和期望等。通过电话沟通，招聘人员可以初步判断候选人的适应能力和与岗位的匹配度。

在电话沟通后，对于表现良好的候选人，酒店应安排面试进行进一步评估。

五、面试选拔

面试选拔是招聘流程中的核心环节，它直接关系到酒店能否选拔到合适的人才。在这一阶段，酒店需要精心组织面试，全面评估候选人的各项能力，并最终确定合适的人选。

1. 组织面试

不同的岗位和职位对候选人的要求各不相同，因此，面试流程设计也应具有针对性。酒店应根据招聘岗位的特点和要求，设计定制化的面试流程。

比如：对于技术岗位，可以安排技术测试或项目展示等环节来评估候选人的专业技能；对于管理岗位，则可以设置案例分析或团队讨论等环节来考察候选人的领导力和团队协作能力。

为了确保选拔的公正性和准确性，酒店可以采用多轮面试的方式。每一轮面试可以侧重不同的评估维度，如第一轮面试主要考察候选人的基本素质和职业背景，第二轮面试则深入评估候选人的专业技能和人岗匹配度等。多轮面试还可以帮助招聘团队从多个角度全面了解候选人，减少主观偏见的影响。

为了确保面试评估的一致性和公正性，酒店应构建标准化的面试问题库。这些问题应能全面考察候选人的专业能力、沟通能力、团队合作能力、解决问题的能力以及个人品质等多个方面。同时，招聘人员还应在面试前对这些问题进行充分准备并熟练掌握，以确保在面试过程中能够准确、有效地提问。

2. 全面评估

对于候选人的全面评估可从表3-6所示的几个方面来进行。

表3-6　全面评估范围

序号	范围	具体说明
1	专业能力评估	专业能力是候选人胜任岗位的基础。在面试过程中，招聘人员应通过提问、测试等方式来评估候选人的专业能力。对于技术岗位，可以邀请技术专家参与面试，以便更准确地评估候选人的专业技能
2	沟通能力评估	良好的沟通能力是团队合作和客户服务的基石。在面试中，招聘人员可以通过与候选人进行对话等方式来评估其沟通能力。注意观察候选人的语言表达是否清晰、条理是否分明、是否具备倾听和反馈的能力等
3	团队合作能力评估	团队合作是酒店企业文化的重要组成部分。在面试中，招聘人员可以通过设置团队讨论、角色扮演或案例分析等环节来考察候选人的团队合作能力。观察候选人在团队中的角色定位、协作意愿、沟通方式和解决问题的能力等
4	其他能力评估	除了上述能力外，招聘团队还可以根据岗位需求评估候选人的其他能力，如领导力、创新能力、适应能力、抗压能力等。这些能力对于候选人在岗位上的表现和未来发展都具有重要影响

3. 确定人选

在面试结束后，招聘团队应综合考量候选人的各项能力、与岗位的匹配度以及与酒店企业文化和价值观的契合度等因素，来确定最终的人选。同时，还需要考虑候选人的个人意愿和职业规划等因素，以确保选拔到的人才能够长期稳定地为酒店服务。

对于未被选中的候选人，应给予及时的反馈和沟通。这不仅是对候选人的尊重，也是酒店形象的体现。在反馈中，可以指出候选人的优点和不足，并鼓励其继续努力和提升自己。

对于确定的人选，酒店应尽快安排其入职并制订培训计划等相关事宜。同时，还需要与候选人保持密切的沟通和联系，以了解其入职前的准备情况和需求，以便更好地帮助其适应新岗位和新环境。

六、录用和入职

录用和入职是招聘流程的收尾阶段，也是新员工正式成为酒店一员、开始职业生涯的重要时刻。这一阶段的工作需要细致入微，以确保新员工能够顺利融入酒店，并为酒店的发展贡献力量。

1. 薪酬谈判

在决定录用某位候选人后，招聘团队需与其进行薪酬谈判。这一过程中，招聘团队应充分了解候选人的期望薪资，并结合市场薪酬水平、酒店薪酬体系及候选人的能力水平等因素，提出合理的薪酬方案。双方应就薪酬结构、薪资水平、绩效奖金、年终奖等具体事项进行深入沟通，力求达成共识。

2. 福利待遇确认

除了薪酬外，福利待遇也是吸引和留住人才的重要因素。在录用过程中，招聘团队应明确告知候选人酒店所提供的福利待遇，包括但不限于社会保险、住房公积金、带薪年假、员工培训、职业发展机会等。同时，也需了解候选人对这些福利待遇的期望和看法，以便在双方达成一致的基础上，签订正式的劳动合同。

3. 背景调查

为了确保候选人的诚信度及其职业背景的真实性，酒店通常会对候选人进行背景调查。这包括核实候选人的教育背景、工作经历、职业资格、有无犯罪记录等方面的信息。背景调查可以通过电话访问、邮件查询、第三方机构调查等方式进行。通过背景调查，酒店可以进一步了解候选人的综合素质和职业道德水平，为录用决策提供更加全面的依据。

4. 身体检查

对于应聘特定岗位或需要特定身体素质岗位的候选人，酒店还需安排身体检查。身体检查旨在确保候选人的身体状况符合岗位要求，能够胜任工作并保障自身及他人的安全。身体检查通常包括常规体检、职业病筛查等项目，具体项目可根据岗位需求和酒店规定确定。

5. 入职培训

新员工入职后，酒店应组织系统的入职培训。入职培训旨在帮助新员工了解酒店企业文化、规章制度、工作流程等方面的内容，促进其快速融入酒店。培训内容可以包括酒店概况介绍、酒店企业文化宣讲、规章制度学习、岗位技能培训等多个方面。通过入职培训，新员工可以更加全面地了解酒店，明确自己的职责和使命，为未来的工作打下坚实的基础。

6. 岗位交接

在入职培训结束后，酒店应组织新员工进行岗位交接工作。岗位交接是指将新员工介绍给其所在部门的同事和领导，并安排老员工或导师对其进行指导和帮助。通过岗位交接，新员工可以更加深入地了解岗位的具体工作内容和要求，掌握必要的工作技能和经验。同时，老员工或导师的指导和帮助也可以让新员工更快地适应工作环境和节奏，减少工作中的困惑和错误。

第二节　员工培训管理

酒店员工培训管理是一个系统性、综合性的过程，旨在提升员工的专业技能、服务质量和职业素养，从而提高酒店的竞争力和客人满意度。

一、培训需求分析

在进行培训需求分析时，酒店管理者既要有敏锐的市场洞察力，又要深入了解员工的实际情况。只有这样，才能制定出既顺应市场趋势又能满足员工需求的培训方案，为酒店的长远发展奠定坚实的人才基础。这一过程涉及对市场动态、客户需求及员工现状的深入洞察，以确保培训内容与策略能够精准对接实际需求，实现培训效果的最大化。

1. 市场与客户需求分析

市场与客户需求分析的要点如表 3-7 所示。

表 3-7　市场与客户需求分析的要点

序号	分析要点	具体说明
1	当前酒店行业的发展趋势	需要密切关注国内外酒店行业的最新动态，包括技术革新（如智能化服务、数字化管理）、消费趋势（如绿色住宿、个性化体验）、政策导向（如旅游促进政策）等。这些趋势直接影响到酒店服务的内容、标准及客户期望，为培训内容的设定提供了宏观背景和方向指引

续表

序号	分析要点	具体说明
2	市场需求	通过市场调研、竞争对手分析、客户反馈收集等手段，深入了解当前市场上客户对酒店服务的主要需求和偏好。例如，客户可能更加注重服务的效率、个性化程度或是对卫生安全有高标准要求。这些需求信息对于确定培训的具体内容，如提升服务效率、增强个性化服务能力、加强卫生安全等，具有直接的指导作用
3	客户对服务的期望	进一步挖掘客户深层次的服务期望，如情感连接、文化体验、便捷性等。这些期望往往超越了基本的服务要求，是提升客户满意度和忠诚度的关键。因此，在培训中，需要融入如何建立良好客户关系、传递品牌文化、提供超出客户预期的服务体验等内容

2. 员工现状评估

员工现状评估的要点如表 3-8 所示。

表 3-8 员工现状评估的要点

序号	评估要点	具体说明
1	技能水平评估	通过技能测试、项目评估、案例分析等方式，全面了解员工在专业技能、服务技巧、外语能力等方面的现有水平。这有助于识别出员工在哪些方面存在不足，进而确定其需要重点加强培训的领域
2	工作态度评估	利用问卷调查、360度反馈、员工自评等方法，评估员工的工作积极性、责任心、团队合作精神等软性能力。良好的工作态度是高效工作的前提，也是让客户满意的重要保证。因此，对于工作态度欠佳的员工，应设计相应的培训课程，如职业素养提升、情绪管理等
3	职业发展需求分析	与员工进行一对一面谈，了解其个人职业规划、发展目标及当前面临的职业瓶颈。结合酒店的发展战略和人才梯队建设需求，为员工量身定制培训计划，实现员工个人成长与酒店发展的双赢

二、培训计划制订

在完成了详尽的培训需求分析后，接下来便是制订一套科学、系统且高效的培训计划。这一过程不仅关乎员工个人能力的提升，也直接影响到酒店整体的服务质量和市场竞争力，因此酒店管理者需要具备高度的责任心和敏锐的洞察力，以确保培训活动能够真正达到预期的效果。

1. 培训目标设定

培训目标是整个培训计划的灵魂，它直接决定了培训的方向和效果。根据前期培训需求分析的结果，酒店需要设定一系列具体、可量化、可达成且有时间限制的培训目标。

常见的培训目标如表3-9所示。

表3-9 常见的培训目标

序号	目标	具体说明
1	提高员工服务意识	在培训结束后，客户满意度调查结果显示，员工被客户提及"服务态度好"的比例提升至90%以上
2	提升专业技能	针对特定岗位，如前台接待员、客房服务员等，设定技能考核标准，如前台接待员在接受培训后能在规定时间内准确无误地完成入住手续办理的比例达到95%以上
3	提高团队协作能力	通过团队建设项目，提高团队内部沟通效率，减少冲突，确保团队在紧急情况下的协作能力得到显著提升，如团队任务完成时间缩短20%以上

2. 培训内容设计

培训内容设计应紧紧围绕培训目标，确保内容丰富、全面且具有针对性。具体来说，培训内容应包括表3-10所示的几个方面。

表3-10 培训内容

序号	内容	具体说明
1	理论知识	涵盖行业最新动态、服务标准、操作规范等，为员工打下坚实的理论基础
2	实操技能	通过模拟实际工作场景，让员工亲手操作，掌握必要的服务技能和操作技巧
3	案例分析	选取行业内外典型案例，进行深入剖析，引导员工从中学习经验教训，提升问题解决能力
4	情景模拟	设计各种可能遇到的服务场景，让员工在模拟环境中进行角色扮演，提升应对突发情况的能力

> **小提示**
>
> 培训内容还应具备实用性和前瞻性，既要满足员工当前的工作需求，又要为其未来的职业发展做好铺垫。

3. 培训方式选择

培训方式应根据培训内容和员工特点灵活调整，以确保培训效果的最大化。常见的培训方式包括图 3-5 所示的几种。

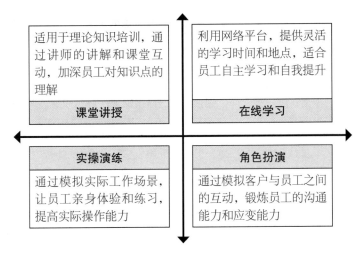

图 3-5　常见的培训方式

4. 培训时间安排

合理的培训时间安排是确保培训活动顺利进行的关键。在制定时间表时，需要注意图 3-6 所示的几个事项。

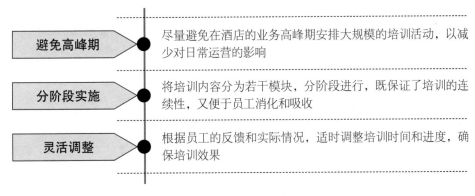

图 3-6　安排培训时间的注意事项

三、培训实施与监督

在精心筹备培训计划之后，培训的实施与监督环节成为确保培训成果转化为实际能力提升的关键步骤。

1. 培训师资选择

培训师资的质量直接决定了培训内容的深度和广度，以及员工对培训内容的接受程度。因此，在选择培训师时，应着重考虑表3-11所示的几个方面。

表3-11　选择培训师时要考虑的因素

序号	考虑因素	具体说明
1	实践经验	优先选择那些在行业内拥有丰富实践经验的专家或讲师，他们能够结合亲身经历，将理论知识与实际操作紧密结合，使培训内容更加生动、具体
2	教学能力	除了拥有实践经验外，培训师还应掌握多样的教学技巧和方法，能够激发员工的学习兴趣，引导员工积极参与，增强培训效果
3	内部资源	应充分利用酒店内部的优秀员工资源，他们熟悉酒店文化和业务流程，能够提供更贴近实际工作的培训内容，同时也能作为榜样激励其他员工积极学习

2. 培训过程管理

培训过程管理是确保培训活动有序进行、员工积极参与的重要环节。在培训过程中，应做好表3-12所示的几项工作。

表3-12　培训过程中要做好的工作

序号	工作事项	具体说明
1	纪律管理	建立明确的培训纪律，如准时参加、不随意缺席、不迟到早退等，通过严格的纪律管理，确保员工能够全身心地投入培训中
2	互动参与	鼓励员工在培训过程中积极提问、讨论和分享，通过互动参与，增强员工的学习动力和提升员工参与度
3	培训记录	详细记录培训过程中的重要内容、员工表现、反馈意见等，这些记录不仅是后续评估和改进培训工作的依据，也是员工个人成长历程中的重要资料

3. 培训效果监督

培训效果监督是检验培训成果、发现问题并及时解决的重要手段。通过表3-13所示的几种方式，可以对培训效果进行全面、客观的监督和评估。

表 3-13　监督培训效果的方式

序号	方式	具体说明
1	定期考核	在培训结束后，定期组织员工进行考核，以检验员工对培训内容的掌握程度和应用能力。考核结果可以作为员工绩效评估的一部分，激励员工积极参与培训
2	问卷调查	设计合理的问卷调查，收集员工对培训内容、培训师、培训方式等方面的反馈意见，以便及时发现并改进不足之处
3	现场观察	通过现场观察的方式，了解员工在实际工作中对培训内容的运用情况，评估培训成果是否真正转化为实际能力的提升

四、培训效果评估与反馈

在培训项目的尾声，培训效果评估与反馈是不可或缺的环节，它不仅是对前期工作的总结，更是未来培训活动改进工作的指引。

1. 培训效果评估

培训效果评估是系统地衡量培训活动是否成功达到预定目标的过程。为了全面而准确地评估培训效果，可以采用多维度、多方法的评估策略，具体如表 3-14 所示。

表 3-14　培训效果评估策略

序号	方式	具体说明
1	前后对比法	通过对比员工在培训前后的表现，如技能水平、服务态度、工作效率等方面的变化，来评估培训的直接效果。评估结果可以直接反映培训对员工个人能力的提升作用
2	客户反馈收集	收集客户的反馈意见，了解员工在培训后服务质量的变化。客户满意度提升、投诉减少等都是培训效果的有力证明
3	数据指标分析	利用具体的数据指标，如业绩增长率、客户满意度、员工技能考核成绩等，进行量化分析，以更直观地展现培训成果
4	长期跟踪评估	除了对即时效果进行评估外，还应关注培训效果的长期性。通过长期跟踪评估，了解培训对员工职业生涯发展、酒店企业文化传承等方面的深远影响

2. 反馈与改进

将培训效果评估的结果及时反馈给相关方，并收集他们的意见和建议，是推动培训工作持续改进的重要环节。具体措施如表 3-15 所示。

表 3-15 培训效果反馈与改进措施

序号	措施	具体说明
1	向员工反馈	将评估结果及时告知员工，让他们了解自己在培训中的表现及成长。对于表现优秀的员工给予表彰和奖励，激发其学习热情和工作动力；对于表现欠佳的员工，则提供具体的改进建议和方向
2	与管理层沟通	将整体培训效果及评估结果向管理层汇报，让管理层了解培训活动对组织绩效的贡献，以便其更好地规划未来的培训策略和资源投入
3	收集意见和建议	向员工和管理层广泛收集关于培训内容的实用性、培训方式的吸引力、培训师资质等方面的意见和建议。这些反馈将为后续培训工作的改进和优化提供宝贵的参考
4	制定改进计划	根据评估结果和收集到的反馈意见，制订具体的改进计划。包括调整培训内容、优化培训方式、提升培训师资质等具体措施，以确保未来的培训活动更加符合员工需求和组织目标

> **小提示**
>
> 通过培训效果评估与反馈的循环机制，可以不断发现培训中存在的问题和不足，推动培训活动的持续改进和优化，最终实现员工个人能力和组织绩效的双重提升。

五、培训成果应用与激励

在培训项目圆满结束后，如何有效地将培训成果转化为实际工作中的绩效提升，并通过恰当的激励措施激发员工持续学习和工作的热情，是酒店培训管理体系中至关重要的一环。通过有效的培训成果应用和恰当的激励措施，可以激发员工的积极性和创造力，促进培训成果的持续转化和应用，最终实现酒店与员工的共同发展和成长。

1. 培训成果应用

培训成果应用是检验培训效果的关键步骤，也是实现培训价值最大化的必经之路。为了促进员工将所学知识和技能成功应用于实际工作中，可以采取表 3-16 所示的措施。

表 3-16 促进培训成果应用的措施

序号	措施	具体说明
1	实践指导	在培训结束后，为员工提供实践指导，帮助他们理解如何将培训中学到的理论知识与实际操作相结合。可以通过案例分析、模拟演练、导师制度等方式，提高员工的实践能力和问题解决能力

续表

序号	措施	具体说明
2	工作场景应用	鼓励员工在日常工作中积极运用所学知识和技能，客户服务、团队协作、业务流程优化等工作场景，都应成为员工展示培训成果的平台。同时，管理层应给予足够的支持和信任，让员工有勇气尝试新方法、新思路
3	反馈与调整	建立反馈机制，及时了解员工在应用培训成果过程中遇到的问题和困难，并提供必要的帮助和指导。同时，根据员工的应用情况，适时调整培训内容和方法，确保培训能够持续发挥作用

2. 激励措施

有效的激励措施能够激发员工的积极性和创造力，促进培训成果的进一步转化和应用。为了表彰在培训中表现优秀、取得显著成果的员工，可以采取表 3-17 所示的激励方式。

表 3-17　激励方式

序号	方式	具体说明
1	表彰与奖励	对在培训中表现突出、取得显著成果的员工给予公开表彰和奖励。这不仅可以增强员工的荣誉感和归属感，还能激励其他员工向榜样学习，形成积极向上的工作氛围
2	提供职业发展机会	为优秀员工提供更多的职业发展机会，如晋升、轮岗、参与重要项目等。为员工提供这些机会不仅是对员工能力的认可，也是对其未来发展的有力支持
3	物质奖励	除了精神层面的表彰外，还可以给予员工一定的物质奖励，如加薪、发放奖金、赠送礼品等。这些奖励能够直接体现员工的价值和贡献，增强员工的获得感和提高其满意度
4	提供个人成长支持	为员工提供持续的个人成长支持，如让其参加高级培训课程、获得专业认证等。这些支持不仅有助于员工个人能力的提升，也能为酒店培养更多高素质的人才

六、培训档案管理

培训档案不仅是员工个人成长轨迹的记录，也是酒店评估培训效果与改进培训工作的重要依据。建立完善的培训档案管理体系，对于提高酒店员工培训效果、促进员工个人成长和酒店发展具有重要意义。

1. 建立培训档案

为每位员工建立详细的培训档案,是酒店对员工培训经历进行全面、系统管理的关键步骤。培训档案应包含但不限于表3-18所示的关键信息。

表3-18 培训档案应包含的内容

序号	内容	具体说明
1	基本信息	包括员工的姓名、部门、职位、入职日期等基本信息,以便于档案分类和检索
2	培训记录	详细记录员工参与的每一次培训活动,包括培训的时间、地点、课程名称、课程内容概述、培训方式(如线上、线下、实操等)以及培训时长。这有助于酒店了解员工的培训历史和参与情况
3	培训成绩	对于需要考核的培训项目,应记录员工的考试成绩、评估结果或获得的证书等信息。这不仅是员工学习效果的体现,也是酒店评估培训质量的重要依据
4	培训反馈	收集并记录员工对培训课程的反馈意见,包括满意度、学习心得、改进建议等。这有助于酒店了解员工的学习需求和培训效果,为后续的培训计划调整提供参考
5	个人发展计划	结合员工的培训经历和职业规划,为其制订个性化的个人发展计划,并将其纳入培训档案中。这有助于引导员工明确职业发展方向,同时为酒店提供人才培养蓝图

2. 档案管理与维护

定期对培训档案进行整理和维护,是确保档案完整性和准确性的重要保障。具体做法如图3-7所示。

- **定期归档**:按照既定的归档规则和周期,将新的培训记录及时归入员工档案中。这有助于保持档案的时效性和完整性
- **信息更新**:当员工职位变动、培训经历增加等情况发生时,应及时更新档案中的相关信息,确保档案的准确性
- **保密管理**:培训档案涉及员工的个人隐私和酒店机密,应严格遵守保密规定,确保档案的安全性和保密性

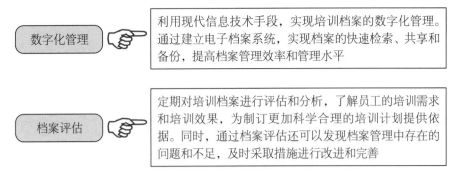

图 3-7　档案管理与维护方法

第三节　员工绩效管理

绩效管理是指对绩效实现过程各要素的管理，是基于酒店经营管理战略基础之上的一种管理活动。通过科学、公正、合理的绩效管理体系，可以激发员工的工作积极性和创造力，提高酒店的整体运行效率和服务质量，促进酒店的持续快速发展。

一、绩效管理的原则

绩效管理应遵循图 3-8 所示的原则。

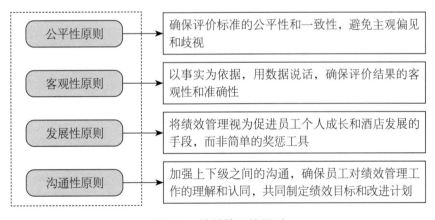

图 3-8　绩效管理的原则

二、绩效管理的内容

在酒店行业中，员工绩效管理的核心内容涵盖了工作业绩、工作能力和工作态度三大维度，这三个方面相互关联，共同构成了评价员工综合表现的完整框架。

1. 工作业绩

工作业绩是衡量员工工作成果最直接、最客观的指标。评估工作业绩时不仅要关注员工完成工作任务的数量，即员工在特定时间内所处理的事务或服务的客户数量，还强调工作的质量和效率。

比如，对于前厅部员工而言，接待客人数量直接反映了其工作负荷和活跃度，而入住率和客人满意度则是衡量其服务质量的关键指标。高入住率意味着员工在推广酒店、处理预订及办理入住手续等方面表现出色；而高客人满意度则是对员工服务态度、问题解决能力及专业知识的肯定。

又如，对于餐饮部员工可以考核其菜品质量、服务速度、客人投诉率等指标。菜品质量是吸引客人、留住客人的核心要素，它要求厨师团队具备精湛的烹饪技艺和对食材有着精准的把握；服务速度则体现了餐厅的运营效率，影响客人体验，快速而有序的服务流程能够减少客人等待时间，提升整体满意度；客人投诉率则是检验服务质量的一面镜子，低投诉率意味着员工在处理客人需求、解决潜在问题方面做得足够好。

2. 工作能力

工作能力是员工完成工作任务所必需的知识、技能和素质的综合体现。

对于各部门主管而言，领导能力和团队协作能力尤为重要。领导能力包括制定部门战略、激励团队成员、处理复杂问题等能力，这些能力有助于部门主管在复杂多变的环境中保持团队的凝聚力和战斗力；团队协作能力则要求部门主管能够与其他部门建立良好的沟通与合作机制，共同推动酒店整体目标的实现。

基层员工的工作能力则更多地体现在对岗位所需业务技能的熟练掌握上。无论是客房清洁、餐饮服务还是前台接待，每个岗位都有其特定的操作规范和技能要求。员工需要通过不断学习和实践，掌握这些技能并能够在工作中灵活运用，以满足客人的需求和期望。

3. 工作态度

工作态度是员工对待工作的基本态度和价值取向，它直接影响着员工的工作表现和工作质量。工作态度包括工作责任心、纪律性和协作性等方面，具体如图3-9所示。

工作责任心	纪律性	协作性
要求员工对自己的工作负责，能够认真对待每一个细节和每一个环节，确保工作任务顺利完成	要求员工遵守酒店的规章制度和操作流程，保持良好的工作秩序和工作环境	强调员工之间的团队合作和相互支持，通过共同努力实现团队目标

图3-9 工作态度包括的内容

三、绩效管理的方法

在酒店业，绩效管理方法的选择与实施对于提升员工绩效、增强团队协作及推动酒店整体发展至关重要。一般来说，酒店常用的绩效管理方法有图3-10所示的三种。

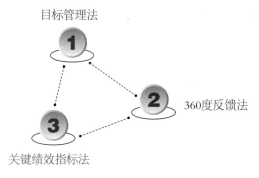

图 3-10　酒店常用的绩效管理方法

1. 目标管理法

目标管理法是一种参与式、民主式、自我控制式的管理制度，也是一种把个人需求与组织目标结合起来的管理制度。在酒店管理中，该方法首先要求酒店明确总体目标和各部门的具体职责。随后，根据这些目标和职责，管理层与员工共同制定具体、可量化、可实现的个人绩效目标。这些目标应当与酒店的战略方向紧密相连，确保每位员工的工作都能为酒店的整体成功做出贡献。

在实施过程中，员工需清楚了解自己的绩效目标，并主动寻求达成目标所需的资源和支持。管理者则通过定期的检查和评估，跟踪员工的目标完成情况，并提供必要的指导和反馈。这种持续的监控和反馈机制有助于确保员工始终在正确的轨道上前进，同时也有助于及时发现并纠正潜在的偏差。

> **小提示**
>
> 目标管理法强调员工的自我管理和参与，能够激发员工的内在动力，促成员工个人成长与酒店发展的双赢局面。

2. 360度反馈法

360度反馈法，又称全方位反馈法或多源反馈法，是一种从多个角度收集员工工作表现信息的绩效管理方法。它打破了传统上级对下级单向评价的模式，通过员工自评、上级评价、同事评价、下级评价（如有）以及客户评价（如适用）等多角度的反馈，为员工提供一个全面、客观、公正的评价结果。

在酒店业中，360 度反馈法尤其适用于那些需要高度协作和与客人互动的岗位。通过同事的反馈，员工可以了解自己在团队合作、沟通协调能力等方面的表现；通过下级的反馈（如服务员对领班的评价），管理者可以评估自己的领导风格和团队管理能力；而客户的反馈则直接反映了员工在服务质量等方面的真实表现。

> **小提示**
>
> 360 度反馈法有助于员工全面认识自己的优点和不足，为制订个人发展计划提供依据。同时，它也能促进团队内部的沟通和理解，增强团队凝聚力和协作精神。

3. 关键绩效指标法

关键绩效指标法（Key Performance Indicators，KPI）是一种将企业战略目标分解为可操作的、具体的、量化的工作目标的绩效评价方法。在酒店业中，应当紧紧围绕酒店的战略目标，选取那些对酒店运营和员工工作绩效影响最大的关键指标进行考核。

比如，前厅部可以选择入住率、客人满意度、预订准确率等作为 KPI，餐饮部则可以选择菜品质量、服务速度、客人投诉率等作为 KPI。这些指标不仅能够直观反映员工的工作成果和服务质量，还能够为管理层提供决策支持，帮助酒店持续优化运营策略和提升竞争力。

KPI 的制定应当遵循图 3-11 所示的 SMART 原则，确保每个指标都是具体、可衡量、可达成、与酒店战略目标紧密相关且有时限的。同时，KPI 的考核应当与员工的薪酬、晋升等激励机制相结合，以激发员工的积极性和创造力。

图 3-11　SMART 原则

综上所述，目标管理法、360 度反馈法和关键绩效指标法是酒店业中常用的三种绩效管理方法。它们各有优缺点，但都能够为酒店提供一种科学、公正、有效的员工绩效评价方式。通过合理运用这些方法，酒店可以更加全面、准确地了解员工的工作表现和发展需求，为员工的成长和酒店的持续发展提供有力支持。

四、绩效管理的流程

绩效管理流程是酒店为确保员工绩效持续提升而实施的一系列系统化、规范化的管理活动。它涵盖了从绩效计划制订到绩效改进与提升的全过程，旨在通过科学的方法和流程，促进员工个人成长与酒店整体目标的有机结合。具体如图 3-12 所示。

图 3-12　绩效管理流程

1. 绩效计划制订

绩效计划制订是绩效管理流程的起点，也是整个流程中最关键的一步。在这一阶段，酒店管理层需要明确酒店的总体目标和各部门的具体职责，确保每位员工都能清楚地了解酒店的发展方向和期望达成的成果。随后，管理层与员工进行充分的沟通和讨论，共同制定符合 SMART 原则的绩效目标和计划。这些目标应当具体、可衡量、可达成、有相关性且有时限，以确保员工能够明确自己的工作方向和努力重点。

2. 绩效辅导与沟通

绩效辅导与沟通是绩效管理流程中的核心环节。在绩效周期内，管理者需要定期与员工就工作进展进行沟通并给予辅导，及时了解员工的工作状态、遇到的困难和问题，并提供必要的支持和帮助。这种辅导和沟通应当是双向的、持续的，旨在建立一种开放、信任的工作氛围，让员工感受到管理者对自己的关心和支持。通过有效的辅导和沟通，管理者可以帮助员工明确工作方向、提高工作效率、解决工作难题，从而确保绩效目标的顺利实现。

3. 绩效考核与评价

绩效考核与评价是绩效管理流程中的重要环节。在这一阶段，管理者需要按照既定的考核标准和方法，对员工的工作绩效进行全面、客观的评价。考核标准应当与绩效目标紧密相连，确保评价的公正性和准确性。评价方法可以选择定量评价和定性评价相结合的方式，如通过 KPI 指标来量化员工的工作成果，同时结合 360 度反馈法来全面了解员工的工作表现。通过绩效考核与评价，管理者可以清晰地了解员工的工作绩效和存在的问题，为后续的绩效反馈和面谈提供依据。

4. 绩效反馈与面谈

绩效反馈与面谈是绩效管理流程中的关键环节。在这一阶段，管理者需要将考核结果及时反馈给员工，并与员工进行深入的面谈。面谈的目的是共同分析绩效表现的成因和存在的问题，探讨改进措施和未来发展方向。在面谈过程中，管理者应当注重倾听员工的意见和建议，尊重员工的感受和想法，共同制订改进计划和提升方案。通过绩效反馈与面谈，管理者可以加深与员工的沟通和对员工的理解，增强员工的归属感和责任感，激发员工的工作积极性和创造力。

5. 绩效改进与提升

绩效改进与提升是绩效管理流程的最终目的。在这一阶段，管理者需要根据面谈结果和员工的实际情况，制订针对性的改进计划，并帮助员工提升工作绩效。改进计划应当具体、可行，并明确改进的时间表和责任人。同时，管理者还需要为员工提供必要的培训和支持，帮助员工掌握新的知识和技能，提升工作能力和综合素质。通过持续的绩效改进与提升，酒店可以不断优化员工队伍结构，提升整体竞争力和市场地位。

五、绩效管理结果的应用

绩效管理不仅仅是一个评估员工工作表现的过程，更是一个促进员工成长、激发员工潜能、优化人力资源配置的重要手段。绩效管理结果的合理应用，能够直接影响员工的工作动力、满意度以及整个组织的效率和竞争力。一般来说，绩效管理结果主要应用在图 3-13 所示的四个方面。

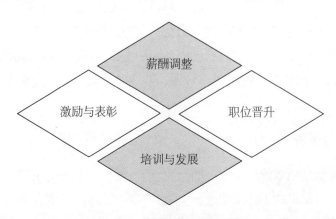

图 3-13　绩效管理结果的应用

1. 薪酬调整

薪酬是员工劳动价值的直接体现，也是提高员工工作积极性的重要因素之一。将绩效考核结果与薪酬调整相结合，可以实现按劳分配和多劳多得的原则，使员工的薪酬与其工作表现紧密挂钩。

具体而言，对于表现优秀的员工，酒店可以通过加薪等物质奖励形式，表彰其贡献并鼓励其继续保持高水平的工作表现。而对于表现不佳的员工，则可以通过薪酬调整来促使其反思和改进，进而提升个人绩效。

2. 职位晋升

职位晋升是员工职业发展的重要途径，也是激励员工追求更高职业目标的有效手段。将绩效考核结果作为员工职位晋升的重要依据之一，可以确保晋升的公平性和公正性。通过定期评估员工的工作表现、能力素质及发展潜力，酒店可以选拔出那些表现突出、具备领导潜质的员工，为其提供更为广阔的职业发展空间和晋升机会。这不仅能够激励员工积极工作、不断提升自我，还能够为酒店培养出一批优秀的中高层管理人才。

3. 培训与发展

培训与发展是提升员工能力素质、促进员工个人成长的重要途径。根据员工的绩效表现和发展需求，制订个性化的培训和发展计划，可以帮助员工弥补不足、提升技能、拓宽视野。

具体而言，对于在工作中暴露出某些技能短板或知识缺陷的员工，可以安排针对性的培训课程或学习活动；对于具备较高潜力和较大发展空间的员工，则可以提供更为深入的专业培训或领导力培养项目。

借助个性化的培训和发展计划，酒店可以激发员工的内在动力和学习热情，促进其个人与酒店的共同进步。

4. 激励与表彰

激励与表彰是激发员工工作积极性和创造力的重要手段。对于表现优秀的员工，酒店应当给予充分的认可和表彰，以激发其工作热情和创造力。

具体而言，可以通过颁发荣誉证书、公开表扬、提供额外福利或奖励等方式来表彰优秀员工的贡献和成就。这些激励措施不仅能够增强员工的荣誉感和归属感，还能够激发其他员工的竞争意识和学习动力，形成一种积极向上的工作氛围。

同时，酒店还可以根据员工的实际需求和兴趣爱好，设计多样化的激励方案，如提供旅游机会、组织团队建设活动等，以丰富员工的精神文化生活，提升其工作满意度和幸福感。

第四节　员工激励管理

酒店业是服务性行业，员工是酒店的核心资源，他们的工作表现直接关系到酒店的运营状况和客户满意度。因此，酒店管理者应构建一个良好的员工激励管理体系，提升员工的工作积极性和归属感，进而提升酒店的整体竞争力和服务质量。

一、薪酬与福利激励

薪酬与福利激励不仅能够激发员工的工作热情，提高服务质量，还能增强员工的归属感和忠诚度，从而有助于酒店的稳定运营和长期发展。酒店可采取如图3-14所示的两种措施来对员工进行薪酬与福利激励。

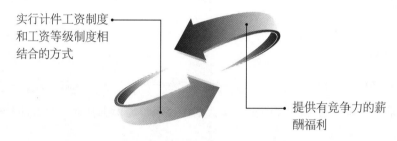

图3-14　薪酬与福利激励措施

1. 实行计件工资制度和工资等级制度相结合的方式

按劳分配作为员工激励的基石，体现了公平与效率并重的原则。它鼓励员工根据个人能力和努力程度获得相应的报酬，从而激发其工作热情和积极性。在酒店业中，这种制度尤其适用于那些工作成果易于量化的岗位。

比如，对于客房部来说，楼层服务员的工作成果——每日打扫的客房数量——是一个直观且可量化的指标。通过实行计件工资制度，服务员每完成一间客房的清洁工作，就能获得相应的报酬。这种制度不仅提高了服务员的工作效率，还促进了他们之间的良性竞争，因为每个人都希望通过增加工作量来获得更高的收入。

当然，仅仅依靠计件工资制度可能不足以全面反映员工的工作能力和表现。因此，酒店还应启用工资等级制度，将员工按照其工作技能、知识掌握程度以及实际工作表现划分为不同的等级（如初、中、高级）。每个等级对应不同的薪资水平，通过定期的考核和评估，员工有机会晋升到更高的等级，从而获得更高的薪资待遇。这种制度既保证了薪酬的公平性，又为员工提供了明确的职业晋升路径和动力。

2. 提供有竞争力的薪酬福利

在当今竞争激烈的酒店行业中，薪酬福利的竞争力直接关系到酒店能否吸引和留住优秀人才。因此，酒店必须密切关注市场动态，确保自己的薪酬福利水平不低于同行业平均水平，甚至在某些方面要具有领先优势。

一个有竞争力的薪酬福利体系不仅包括基本工资和奖金等直接经济报酬，还应涵盖各种津贴、社会保险、住房公积金等间接经济福利。基本工资是员工收入的基础，而奖金则是对员工超额完成工作任务或取得优异成绩的额外奖励。津贴方面，酒店可以根据实际情况提供员工宿舍、餐饮补贴、交通补贴等福利，以减轻员工的生活负担。此外，带薪年假、节日福利等也是提升员工满意度和忠诚度的重要因素。

除了上述基本福利外，酒店还可以根据自身经营状况和员工需求提供额外的福利项目。

比如，组织员工旅游、提供健康体检、设立员工子女教育基金等。这些福利项目不仅能够增强员工的归属感和幸福感，还能够提升酒店的整体形象和品牌价值。

二、职业发展激励

职业发展激励旨在通过为员工提供明确的职业发展路径、晋升机会、培训资源和个人成长支持，来激发员工的工作动力、提升工作满意度和忠诚度，并促进员工的长期职业发展和个人成长。

1. 职业晋升路径

在酒店业，员工的职业发展路径应当是清晰、透明且可实现的。这要求酒店管理层为每位员工量身定制职业发展规划，明确不同岗位的晋升路径、所需技能、经验及业绩要求。通过这样的规划，员工能够清晰地看到自己在酒店内部的成长轨迹，从而更加积极地投入工作中。

为了确保晋升过程的公平性和公正性，酒店应制定明确的晋升标准和条件。这些标准可以包括员工的工作绩效、技能水平、领导能力、团队合作精神等多个方面。同时，酒店还应建立科学的评估体系，定期对员工进行综合评估，确保只有真正符合晋升条件的员工才能获得晋升机会。

另外，酒店应优先从内部选拔优秀员工晋升到更高的职位。这种内部晋升机制不仅有助于激发员工的积极性和进取心，还能促进酒店内部的人才流动和优化配置。通过内部选拔，酒店能够发现和培养具有潜力的员工，为酒店的长期发展提供源源不断的人才支持。

2. 培训与发展

酒店应提供多样化的培训和发展机会，以满足员工在不同层次、不同领域的学习需求。技能培训旨在提升员工的专业技能，如客房清洁、餐饮服务、前台接待等；管理培训则侧重于培养员工的领导力、决策能力和团队协作能力；外语培训则有助于拓宽员工的国际视野和提升他们的跨文化交流能力。这些培训不仅能够帮助员工更好地胜任当前工作，还能为他们未来的职业发展打下坚实基础。

通过培训，员工可以不断学习和掌握新的知识和技能，提升自己的专业素养和综合能力。这些能力的提升不仅有助于员工在工作中取得更好的业绩，还能增强他们的自信心和成就感。同时，随着员工能力的不断提升，他们也会更加珍惜自己在酒店的工作机会，从而增强对酒店的归属感和忠诚度。

酒店通过提供培训和发展机会，向员工传递了一个重要的信息：酒店重视员工的成长和发展。这种重视不仅体现在物质层面（如提供更好的薪酬和福利），更体现在精神层面（如关注员工的职业发展和个人成长）。当员工感受到酒店对他们的关怀和支持时，他们会更加愿意为酒店付出努力和忠诚，从而与酒店共同成长、共同进步。

三、荣誉与认可激励

在酒店管理中，荣誉与认可激励是一种强大的动力源泉，它通过表彰和奖励表现优秀的员工，不仅直接激励了获奖者本人，更在全体员工中树立了榜样，激发了整体的积极性和进取心。

荣誉与认可激励主要有图3-15所示的两种方式。

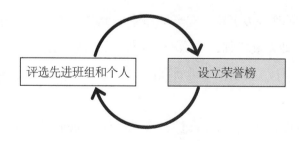

图3-15 荣誉与认可激励方式

1. 评选先进班组和个人

为了确保评选的公正性和有效性，酒店应建立一套完善的评选机制。这包括明确评选标准、制定评选流程、设立评审委员会等。评选标准应涵盖工作业绩、创新能力、团队合作、职业道德等多个方面，确保能够全面、客观地评价班组和个人的表现。

(1)先进班组评选

班组作为酒店的基本单元,其整体表现直接影响到酒店的运营效率和团队氛围。通过评选"先进班组",酒店可以表彰那些在工作中团结协作、勇于创新、业绩突出的班组。这不仅可以增强班组成员的凝聚力和归属感,还能激励其他班组向先进班组学习,提升整体工作水平。

(2)优秀员工评选

优秀员工是酒店发展的中坚力量。通过评选"优秀员工",酒店可以表彰那些在工作中表现突出、业绩优秀、具有高度责任感和敬业精神的员工。这不仅是对员工个人努力的认可,更是对其他员工的激励和鼓舞,让他们看到努力工作的价值和回报。

(3)表彰与奖励

对于评选出的先进班组和优秀员工,酒店应给予相应的表彰和奖励。这可以包括荣誉证书、奖金、晋升机会、培训资源等。通过实质性的奖励,酒店可以进一步激发获奖者的积极性和进取心,同时也让其他员工看到努力工作的美好前景。

2. 设立荣誉榜

荣誉榜是酒店内部的一种重要宣传方式,它通过将先进员工的照片和事迹展示在光荣榜、酒店内部报刊等媒介上,向全体员工传递正能量和榜样力量。荣誉榜的设立不仅可以增强员工的荣誉感和自豪感,还能在酒店内部营造一种积极向上的文化氛围。

为了确保荣誉榜的权威性和时效性,酒店应定期对荣誉榜进行更新和维护。这包括及时添加新评选出的先进员工信息、撤除已离职或不再符合表彰条件的员工信息、维护荣誉榜的整洁和美观等。同时,酒店还可以利用更新荣誉榜的机会,组织相关活动或仪式,如颁奖典礼、表彰大会等,进一步弘扬企业精神和表彰先进。

四、情感与文化激励

在酒店管理中,情感与文化激励是构建良好工作环境、提升员工满意度和忠诚度的重要手段。它们通过关注员工的情感需求、营造积极向上的文化氛围,来激发员工的内在动力,促进酒店的和谐发展与持续进步。

1. 情感关怀

情感关怀是酒店管理中不可或缺的一环,它体现了酒店对员工的人文关怀和尊重。在快节奏、高压力的工作环境中,员工往往面临着各种挑战和压力。因此,关注员工的情感需求,关心他们的生活和工作状态,对于提升员工的归属感和忠诚度至关重要。具体措施如表3-19所示。

表 3-19　情感关怀措施

序号	关怀措施	具体说明
1	个性化关怀	酒店应了解每位员工的个人情况，包括家庭背景、兴趣爱好、职业规划等，以便在特殊时刻给予个性化的关怀。例如，在员工生日时送上温馨的祝福和礼物，让员工感受到酒店的温暖和关怀；在员工结婚或生子时，给予适当的假期和祝福，让员工能够安心享受家庭的喜悦
2	困难支持	当员工遇到工作或生活上的困难时，酒店应主动伸出援手，提供必要的帮助和支持。这不仅可以解决员工的实际问题，还能让员工感受到酒店的关怀和支持，从而增强对酒店的信任和依赖
3	情感沟通	酒店应建立畅通的沟通渠道，鼓励员工提出自己的意见和建议。通过开展定期员工座谈会、设置意见箱等方式，了解员工的真实想法和需求，及时解决员工的问题和困惑。同时，酒店还应关注员工的心理健康，提供必要的心理支持和辅导，帮助员工保持积极的心态和情绪
4	尊重与认可	尊重员工的个人价值和贡献，及时给予认可和表扬，让员工感受到自己的重要性

2. 酒店企业文化建设

酒店企业文化是酒店的灵魂和核心竞争力之一。构建积极向上的企业文化氛围，对于增强员工的凝聚力和向心力具有重要意义。具体内容如表 3-20 所示。

表 3-20　酒店企业文化建设内容

序号	建设内容	具体说明
1	团队精神	酒店应倡导团队精神，鼓励员工相互协作、相互支持。通过开展团队建设活动、实施合作项目等方式，增强员工的沟通和协作能力，形成共同的目标和价值观。同时，酒店还应建立公平、公正的激励机制，让每位员工都能感受到自己的付出得到了应有的回报
2	创新精神	在快速变化的市场环境中，创新是酒店持续发展的关键。酒店应鼓励员工敢于尝试、勇于创新，为酒店的发展贡献智慧和力量。通过设立创新基金、举办创新大赛等方式，激发员工的创新热情和创造力，推动酒店的技术创新和产品升级
3	服务精神	酒店应树立以客户为中心的服务理念，倡导员工为客户提供优质、高效的服务。通过培训和教育等方式，提升员工的服务意识和专业技能，确保客户得到满意的服务体验。同时，酒店还应建立客户反馈机制，及时了解客户的需求和意见，不断改进和提升服务质量
4	文化活动与团建	为了营造积极向上的文化氛围，酒店应定期举办各种文化活动和团建活动，包括文艺演出、体育比赛、户外拓展等形式多样、内容丰富的活动。通过参与这些活动，员工可以放松心情、增进友谊、提升团队协作能力，从而更加积极地投入工作中去。同时，这些活动也是展示酒店企业文化、增强员工归属感和自豪感的重要平台

第四章
酒店财务管理

第一节　酒店预算管理

全面预算管理是现代企业管理的重要手段，它能使企业科学地制定目标，周密地编制计划，有效地组织实施，详细地复盘梳理，对提高酒店管理者能力、酒店的整体发展水平有非常大的作用。

一、明确预算管理目标

预算管理目标应与酒店的长期战略目标和年度经营计划紧密结合，确保预算的制定和执行能够支持酒店的整体发展。

1. 理解长期战略目标

酒店管理者需要清晰地定义其长期战略目标，这些目标通常涵盖市场份额扩大、品牌影响力提升、客户满意度提高、服务质量持续优化以及盈利能力增强等方面。预算管理作为实现这些目标的重要手段，必须与之紧密相连。

2. 与年度经营计划衔接

在明确长期战略目标的基础上，酒店管理者需要制订详细的年度经营计划，将长期战略目标分解为具体的年度任务和目标。预算管理工作则是根据这些年度经营计划来设定具体的预算指标和分配资源，确保每一项预算活动都能为年度目标的实现贡献力量。

> **小提示**
>
> 预算管理不仅仅是财务部门的工作，而是需要酒店内部各个部门的共同参与和协作。通过将预算管理与战略目标相结合，可以明确各部门在实现酒店整体目标中的角色和责任，促进部门间的沟通和协作，形成合力推动酒店的发展。

二、编制科学合理的预算

在酒店的经营管理中，编制科学合理的预算是确保财务稳健、资源有效配置的关键步骤。这一过程不仅要求严谨的态度，还需要科学的方法和全面的调研分析作为支撑。这些步骤相互关联、相互促进，共同构成了酒店预算管理的基础和核心。

1. 全面调研与分析

在编制预算前，应进行充分的市场调研和内部分析，以了解市场需求、竞争态势、历史数据等,为预算编制提供科学依据。

(1)市场调研

市场调研的主要内容如表4-1所示。

表4-1 市场调研的主要内容

序号	要点	主要内容
1	了解市场需求	通过问卷调查、客户访谈、研究行业报告等方式,收集并分析目标市场的消费趋势、客户需求变化及潜在增长点,为预算中的收入预测提供数据支持
2	分析竞争态势	研究竞争对手的价格策略、服务品质、市场占有率等信息,评估其对酒店业务可能产生的影响,从而制定更具竞争力的预算方案

(2)内部分析

内部分析的主要内容如表4-2所示。

表4-2 内部分析的主要内容

序号	要点	主要内容
1	审视历史数据	回顾酒店过去几年的财务数据、成本结构、运营效率等,识别成本节约的潜力点和收入增长的机会
2	评估内部资源和能力	分析酒店的人力资源、技术设施、管理能力等,确保预算计划符合酒店的实际情况和发展需求

2.细化预算项目

经过全面调研与分析后,接下来应将预算细化到具体的部门、项目和费用类别,确保预算的准确性和可操作性。具体步骤如图4-1所示。

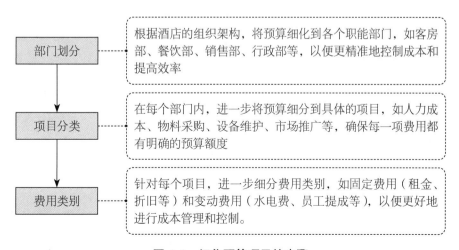

图4-1 细化预算项目的步骤

3. 采用科学方法

结合酒店实际情况，选择适合的预算编制方法，如零基预算法、增量预算法、滚动预算法等，确保预算的合理性。

① 零基预算法。从零开始，不考虑过去的预算基数，而是根据当前的市场环境和内部需求重新评估每一项预算项目的必要性和合理性。这种方法有助于消除不必要的开支，提高预算的透明度。

② 增量预算法。在上一期预算的基础上，根据预期的变化（如收入增长、成本上升等）对原有费用项目进行调整的预算编制方法。这种方法简单易行，但可能导致预算过于保守或浪费。

③ 滚动预算法。保持预算的连续性和灵活性，定期（如每季度或每月）对预算进行更新和调整。这种方法能够及时反映市场变化和内部需求的变化，提高预算的准确性和实用性。

④ 固定预算法。又称静态预算法，是一种在预算编制过程中，根据预定的生产量或销售量来确定各项成本费用的方法。这种方法假设在预算期内，企业的生产量或销售量是固定的，不会发生大的变化。因此，使用固定预算法编制预算时，不考虑实际业务量的变化，而是基于一个固定的业务量水平来预测收入和成本。

酒店在预算编制中要合理界定不同预算编制方法的适用范围，提高预算编制的准确性。

比如，对固定费用或数额较为稳定的预算项目，应采用固定预算法编制，根据某一时间段内的业务量水平进行编制；对酒店销售收入预算，应采用增量预算法进行编制，根据酒店业务发展趋势，对需要调增的费用项目进行合理预测；对酒店间接费用预算和零星费用预算，应采用零基预算法进行编制，从业务实际需求出发确定开支标准。

三、建立预算管理制度

在酒店的运营管理中，建立一套完善的预算管理制度是确保预算管理有效实施、资源合理分配及战略目标顺利达成的关键。对此，酒店管理者可从以下几个方面来建立酒店的预算管理制度。

1. 明确管理流程

制定详细的预算管理制度，明确预算的编制、审批、执行与监控及考核等各个环节的流程和规范，具体如表4-3所示。

表 4-3 预算管理各环节的流程规范

序号	环节	流程规范
1	预算编制	（1）召开预算编制启动会议，明确预算编制的目标、原则、时间表和责任人 （2）各部门根据预算编制要求，收集并整理相关历史数据、市场预测、内部资源等信息 （3）基于收集到的数据，各部门初步编制预算草案，并提交给财务部门汇总 （4）财务部门对各部门提交的预算草案进行综合平衡，确保预算的整体合理性和协调性 （5）财务部门与各部门沟通，对预算草案进行审核和调整，形成最终预算方案
2	预算审批	（1）设立多层次的审批体系，确保预算的严肃性和权威性 （2）各级管理人员根据审批权限，对预算方案进行逐级审批，并提出修改意见或建议 （3）最终审批由高层管理人员或预算管理委员会负责，确保预算方案与酒店战略目标一致
3	预算执行与监控	（1）预算一经批准，即成为各部门的工作指南和财务控制标准 （2）财务部门定期监控预算执行情况，包括收入、成本、利润等关键指标 （3）各部门需按时提交预算执行报告，汇报实际执行情况与预算目标的差异
4	预算考核	（1）建立预算考核机制，将预算执行情况纳入绩效考核体系 （2）对各部门和个人在预算管理中的表现进行评估并实施相应奖惩措施，激励员工积极参与预算管理

2. 设置审批权限

明确各级管理人员在预算管理中的审批权限和责任，确保预算审批的规范性和高效性。具体方法如图 4-2 所示。

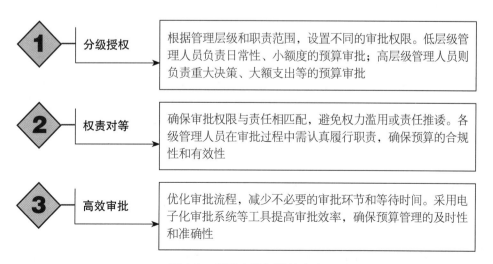

图 4-2 设置审批权限的方法

3. 建立反馈机制

建立预算执行情况的反馈机制，定期对预算执行情况进行评估和分析，及时调整预算以应对市场变化和经营需要。建立反馈机制的方法如表4-4所示。

表4-4 建立反馈机制的方法

序号	方法	具体说明
1	定期评估	设定固定的评估周期（如月度、季度或年度），对预算执行情况进行全面评估。评估内容包括收入达成情况、成本控制效果、利润实现程度等方面
2	差异分析	对实际执行结果与预算目标的差异进行深入分析，找出原因并制定相应的改进措施。差异分析有助于发现问题、优化管理流程并提升预算的准确性和实用性
3	及时调整	根据定期评估和差异分析结果，及时调整预算以应对市场变化和经营需要。调整内容包括预算额度、项目优先级、资源分配等方面，确保预算管理始终与酒店战略目标保持一致
4	沟通反馈	建立畅通的沟通渠道和有效的反馈机制，确保各部门之间以及管理层与员工之间实现高效的信息交流和意见反馈。通过沟通反馈，可以及时了解预算执行过程中出现的问题和困难，共同寻求解决方案以推动预算管理的持续改进和优化

四、加强预算执行与监控

在预算执行一段时间后，酒店管理者需要及时地分析预算的执行情况，对于预算执行中存在的问题和偏差，应及时采取相应的控制措施。

1. 严格执行预算

各部门应严格执行预算，确保各项支出在预算范围内。对于超出预算的支出，需经过特殊审批程序。

① 预算意识的培养。各部门需树立强烈的预算意识，将预算管理视为日常工作的重要组成部分。通过组织培训、召开会议等方式，提高员工对预算重要性的认识，确保每位员工都能理解并遵守预算。

② 预算执行的刚性。各部门应严格执行预算，确保各项支出在预算范围内进行。任何超出预算的支出都必须经过严格的特殊审批程序，包括但不限于向上级管理部门提交详细报告、说明超出原因及必要性，并经过多轮审批方可实施。

③ 预算执行的灵活性。在维护预算执行刚性的同时，也要注重灵活性。面对市场变化、突发事件等不可预见因素，酒店需建立快速响应机制，及时调整预算以适应新的情况。但这并不意味着随意突破预算限制，而是在确保酒店整体利益最大化的前提下进行灵

活调整。

2. 实时监控预算执行情况

利用财务管理软件等工具实时监控预算执行情况，及时发现预算偏差并采取措施加以纠正。

① 财务管理软件的应用。利用先进的财务管理软件等工具，实现预算执行的实时监控。这些软件能够自动收集、整理和分析财务数据，生成直观的预算执行报告和图表，帮助管理者快速了解预算执行情况。

② 预算偏差的发现与预警。通过实时监控，能够及时发现预算偏差。一旦发现偏差，财务管理软件会立即发出预警信号，提醒相关部门和人员关注并采取措施加以纠正。这有助于酒店及时应对潜在的风险和问题，避免预算失控。

③ 偏差分析与应对。对于发现的预算偏差，需要进行深入分析以找出原因。可能是市场环境变化、内部管理不善、预算编制不准确等多种因素导致的。根据分析结果，制定相应的应对措施并付诸实施，以确保预算目标的实现。

3. 加强成本控制

通过优化采购流程、降低库存成本、提高运营效率等方式加强成本控制，确保预算目标的实现。

具体介绍见本章第二节内容。

五、强化预算考核与激励

在酒店财务管理中，预算考核与激励是确保预算目标得以实现并持续优化的关键环节。通过建立一套科学、合理的预算考核体系，结合有效的激励机制，可以极大地提升员工的积极性和责任感，推动酒店整体绩效的提升。

1. 建立预算考核体系

预算考核体系是连接预算管理与绩效考核的桥梁，它通过将预算执行情况与员工的个人绩效紧密关联，促使员工在日常工作中更加重视预算的执行和控制。具体而言，酒店管理者应明确将预算达成率、成本控制率、收入增长率等关键预算指标纳入预算考核体系，确保这些指标在员工的绩效评估中占有重要权重。同时，还需制定详细的考核标准和流程，确保考核工作的公平、公正和透明。

2. 设置合理的考核指标

为了确保预算考核的针对性和有效性，酒店管理者应根据酒店的实际情况和经营特点设置合理的考核指标。这些指标应能够全面反映酒店的经营状况和预算执行情况,同时具有一定的挑战性和可达成性。

比如,收入增长率可以衡量酒店的市场拓展能力和盈利能力;成本控制率则反映了酒店在成本控制方面的成效;客户满意度则是衡量酒店服务质量的重要指标。

此外,酒店管理者还可以根据酒店的战略目标和经营重点设置其他特定的考核指标。

3. 实施奖惩措施

奖惩措施是预算考核与激励环节的重要组成部分。通过实施奖惩措施,酒店可以对员工的预算执行行为进行正向或负向的引导,从而激发员工的积极性和责任感。具体而言,对于预算执行情况良好的部门和个人,酒店应给予相应的奖励和表彰,如奖金、晋升机会、荣誉证书等,以肯定他们的努力和贡献。这些奖励不仅能够增强员工的归属感和自豪感,还能够激发其他员工的竞争意识和进取心。

相反,对于超支或未达标的部门和个人,酒店应采取相应的惩罚或调整措施。惩罚措施可以包括扣除奖金、通报批评、调整岗位等,以警示员工重视预算的执行和控制。同时,对于超支或未达标的部门,酒店还应深入分析其超支或未达标的原因并制定相应的改进措施,以避免类似问题再次发生。此外,对于预算本身存在问题的情况,酒店也应及时调整预算以更好地适应市场变化和经营需求。

六、引入先进管理工具和技术

在快速变化的商业环境中,酒店业为了保持竞争力并实现精细化预算管理,必须积极引入先进的管理工具和技术。这些工具和技术不仅能够提升工作效率,还能为预算管理提供更加精准、高效的支持。

1. 采用财务管理软件

随着信息技术的飞速发展,财务管理软件已经成为现代酒店不可或缺的管理工具。这些软件集成了预算管理、成本控制、财务分析、报表生成等多种功能,能够帮助酒店实现财务管理的自动化和智能化。

① 提高数据准确性。财务管理软件采用严格的数据录入和校验机制,避免了手工操作中常见的错误和遗漏,从而大大提高了数据的准确性。这对于预算编制、执行监控和绩效考核等环节至关重要。

② 提升处理效率。财务管理软件能够自动处理大量的财务数据,生成各种财务报表和预算分析报告,极大地减轻了财务人员的工作负担。同时,软件还具备实时数据更新和查询功能,使得管理人员能够随时掌握酒店的财务状况和预算执行情况。

③ 促进信息共享。财务管理软件通常具备多用户访问和权限管理功能,使得不同部

门之间可以方便地共享财务信息，加强了部门间的协作和沟通。这有助于形成全面、准确的预算信息体系，为酒店的决策提供有力支持。

2. 运用大数据和人工智能技术

大数据和人工智能技术的兴起为酒店业带来了新的发展机遇。通过收集和分析酒店运营过程中产生的海量数据，运用人工智能技术进行深度挖掘和智能分析，酒店可以更加精准地把握市场动态和客户需求，优化经营策略和管理决策。

① 预测市场趋势。利用大数据技术收集并分析行业数据、竞争对手数据以及客户行为数据等，可以揭示市场的潜在规律和趋势。结合人工智能技术中的预测模型及算法，酒店可以更加准确地预测未来市场需求和价格走势，为预算制定和经营决策提供有力依据。

② 优化定价策略。通过大数据技术分析客户的消费习惯、支付能力和价格敏感度等信息，酒店可以制定更加合理的定价策略。同时，人工智能技术还可以根据实时市场变化和竞争对手动态进行智能调价，确保酒店在保持价格竞争力的同时实现收益最大化。

③ 提高运营效率。人工智能技术在酒店运营中的应用广泛，包括智能客服、智能安防、智能能源管理等多个方面。这些技术的应用不仅可以提升客户体验和服务质量，还可以帮助酒店实现资源的最优配置和运营成本的降低。通过优化运营流程和提高管理效率，酒店可以进一步确保预算目标的实现和财务绩效的提升。

第二节　酒店成本控制

在酒店业中，成本控制是一个重要的环节，这有助于确保酒店的稳定运营和盈利。随着消费者需求的增长和市场竞争的加剧，酒店必须寻找方法来实现成本最小化，以保持其竞争优势。

一、酒店成本的构成

一般来说，酒店的成本可以分为固定成本和变动成本。固定成本是无论酒店的经营状况如何，都不会改变的费用，如租金、设备折旧费和员工薪酬等。而变动成本则是随着酒店的客流量或业务量的变化而变化的费用，如食材采购费、水电费用等。

成本控制是按照成本管理制度和预算的要求，对成本形成过程的每项具体活动进行审核和监督，是对酒店成本进行预测、决策、预算、核算、监督、考核、分析等工作的总称。

二、采购成本控制

采购成本控制作为酒店财务管理工作的核心环节，不可或缺。因此，加强酒店采购成本控制必然会对酒店经济效益提升起到促进作用。一般来说，只要做好酒店成本控制就能够实现盈利目的，而成本控制的重点在于采购成本控制，这是因为物料的采购成本在酒店总成本中所占的比例最高。对此，酒店管理者可参考图4-3所示的措施来控制采购成本。

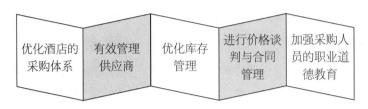

图 4-3　采购成本控制措施

1. 优化酒店的采购体系

采购成本控制的前提就是优化酒店采购体系，并采取有效措施合理控制酒店采购成本。首先要建立健全的采购制度，其次要将采购流程标准化，明确各相关部门的职责与权利。采购工作涉及面广，采购人员主要是和外界打交道，如果酒店不制定严格的采购制度和程序，不仅采购工作无章可依，还会给采购人员提供暗箱操作的机会。优化酒店采购体系要从表4-5所示几个方面做起。

表 4-5　优化酒店采购体系的要点

序号	要点	说明
1	建立严格的采购制度	建立严格、完善的采购制度，不仅能规范酒店的采购活动、提高效率、杜绝部门之间的推诿现象，还能预防采购人员的不良行为。采购制度应规定物料采购的申请流程、授权人的批准权限、物料采购的流程、相关部门（特别是财务部门）的责任和关系、各种物料的采购规定和采购方式、报价和价格审批流程等。比如，可在采购制度中规定采购物料时要向供应商询价、列表比价、议价，然后选择供应商，并把所选的供应商及其报价填在请购单上；还可规定进行超过一定金额的采购时须附上三个以上书面报价等，以供财务部门审核
2	建立供应商档案和准入制度	（1）要为酒店的正式供应商建立档案，供应商档案中应有编号、详细联系方式和地址等信息，每一个供应商档案应经严格的审核才能归档 （2）酒店的采购活动必须和已归档的供应商进行 （3）供应商档案应定期或不定期地更新，并有专人管理。同时要建立供应商准入制度

续表

序号	要点	说明
3	建立价格档案和价格评价体系	采购部门应为所有采购物料建立价格档案，收到每一批采购物料的报价后，先与档案中的物料价格进行比较，分析价格差异的原因。如无特殊原因，原则上采购的价格不能超过档案中的价格，否则要作出说明。对于重点物料的价格，应建立价格评价体系，由酒店有关部门组成价格评价小组，定期收集相关的供应价格信息，分析、评价现有的价格水平，并对已归档的价格档案进行评价和更新
4	设定标准采购价格	对于重点监控的物料，财务部应根据市场变化及产品标准成本定期设定标准采购价格，促使采购人员积极寻找货源，货比三家，不断地降低采购价格

通过以上四个方面的工作，虽然不能完全杜绝采购人员的暗箱操作，但对完善采购管理、提高效率、控制采购成本，有较大的帮助。

2. 有效管理供应商

通过比较不同供应商的价格、质量、服务等因素，选择信誉良好、价格合理的供应商建立长期合作关系。要为与酒店合作的供应商建立档案，供应商档案要有编号、联系方式和详细地址，每个供应商档案应经过严格审核才能归档。供应商档案要定期或不定期地进行更新以满足酒店发展需要，并且要由专人进行管理，同时要建立严格的供应商准入制度。所有供应商必须经过实地考察、资质核查、背景调查等环节，以及酒店使用部门、财务部门、采购部门等多部门综合考核合格后才能进入酒店供应商名录。

同时，定期对供应商进行评估，包括供货质量、交货时间、售后服务等方面，确保供应商能够持续提供优质的服务和产品。

> **小提示**
>
> 与讲信誉、有原则的供应商合作不仅能保证供货的质量、交货的时间，还能够在价格上达成共识。恰当的时候可与其签订长期合约，建立长期战略合作伙伴关系，实现双赢的合作局面。

3. 优化库存管理

利用历史销售数据和市场趋势，科学预测未来的物料需求量，避免过度采购或库存积压。根据预测结果和实际需求，合理设置库存量，确保既能满足业务需求，又能降低库存成本。定期对库存进行盘点，及时发现并处理库存异常问题，避免库存损失。

4. 进行价格谈判与合同管理

与供应商进行谈判，争取更有利的采购价格。可以考虑采用大宗采购、长期合作等方式，以获得更优惠的价格。签订详细的采购合同，明确双方的权利和义务，包括价格、质量、交货时间等条款，确保合同的顺利执行。

5. 加强采购人员的职业道德教育

采购人员不仅要具备专业的采购知识，还要具备较高的思想道德水平。酒店应在胜任工作岗位的基础上，挑选职业素养好、综合条件比较优秀的采购人员，其原则是挑选平时工作坚持原则，责任心强，综合素质高，能对不义之财说"不"的人。重视采购人员选拔的第一关，对采购人员进行财经法规及廉政教育，防患于未然。酒店要定期组织采购人员进行业务学习，紧跟酒店采购的发展趋势。不仅要对员工进行岗位培训，还要加强他们的职业道德教育。对于优秀的员工要适当进行奖励，对于那些怠慢工作、影响整体工作效率的员工，要进行严肃的批评教育，更甚者可以扣除部分奖金或调离采购岗位，以做到奖罚分明。

三、人力成本控制

在酒店经营管理中，人力成本是影响利润的重要因素之一。随着旅游市场的发展，商务活动的活跃，宾客品位的提高，酒店对从业人员的文化水平、业务能力等的要求将越来越高，因此人力成本在营业收入中所占的比例也将呈现不断增长的趋势。由此可见，控制好人力成本，对于当前处于微利经营的酒店获得最大的利润回报和健康发展具有十分重要的作用。酒店管理者可从图4-4所示的几个方面来控制人力成本。

图4-4　人力成本控制措施

1. 优化人力资源配置

① 根据酒店的业务量和需求，合理安排员工的工作时间和岗位，避免人力资源的浪费。例如，在业务量较低的时段，可以安排员工进行培训或休息，以减少不必要的人力成本支出。

② 采用灵活用工制度，如兼职、临时工或实习生等，以应对季节性或临时性的人力需求，降低固定人力成本。

2. 提高员工效率

① 通过定期的培训，提高员工的业务技能和服务意识，从而提升工作效率。培训应注重实效性，与酒店业务需求紧密结合。

② 设立合理的激励机制，如绩效奖金制度、员工晋升渠道等，激发员工的工作积极性和创造力，提高工作效率。

3. 降低招聘与培训成本

① 采用网络招聘、校园招聘等低成本、高效率的招聘方式，降低招聘成本。同时，对于关键岗位，应提前进行人才储备，避免临时招聘带来的高成本。

② 与高校、培训机构等建立合作关系，共同培养符合酒店需求的人才。这样不仅可以降低酒店的招聘成本，还能提高员工的专业素质和忠诚度。

4. 强化绩效管理与考核

① 对员工进行科学评估和激励，提高员工工作积极性和效率。绩效管理与薪酬福利挂钩，使员工更加关注酒店的长期发展目标。

② 降低固定薪酬比例，提高浮动奖金比例，让为酒店创造价值的人得到更多的价值回报。同时，通过合理的薪酬设计，吸引和留住优秀人才。

5. 关注员工心理健康与福利

① 关注员工的心理健康问题，提供必要的心理支持和疏导服务，减少因员工心理问题导致的工作效率下降和成本增加。

② 提供具有竞争力的福利待遇，如健康保险、带薪休假、员工关怀计划等，提高员工的满意度和忠诚度，降低员工流失率。

四、客房易耗品成本控制

客房易耗品是指在客房内使用并且不可循环利用的物品，如洗发水、沐浴露、牙刷、牙膏等。客房易耗品控制的目标是在保证客房服务质量的前提下，合理控制易耗品的使用数量，降低成本支出。具体措施如图4-5所示。

图 4-5　客房易耗品成本控制措施

1. 精准投放与合理配置

① 酒店应根据不同客群的需求和住宿时间，合理配置易耗品。例如，为长住客人提供大容量牙膏泵装，减少单次使用浪费。

② 根据历史数据分析，了解哪些易耗品的使用率高，哪些使用率低，从而调整配置比例。

③ 对于有特殊需求的客人，可以提供个性化的易耗品配置，如特殊香型的洗发水、沐浴露等，既满足客人需求，又避免浪费。

2. 引入智能设备与技术

① 使用自动感应类精准分量出液的皂液器、洗发水和沐浴露分配器等智能设备，根据客人使用量自动分配，减少浪费。这些设备能够精确控制每次使用的量，既方便客人使用，又能有效控制成本。

② 利用大数据和人工智能技术，对易耗品的使用情况进行数据分析，预测未来需求，从而提前做好准备，避免短缺或过剩。

3. 回收与再利用

① 建立易耗品回收机制，对客人使用过的梳子、牙膏盒等物品进行回收再利用。通过清洗消毒等处理流程，使这些物品能够重新投入使用，降低采购成本。

② 推广环保理念，鼓励客人参与易耗品的回收与再利用活动。例如，在客房内设置回收箱，方便客人投放可回收物品。

4. 优化采购与库存管理

① 制订合理的采购计划，根据历史数据和市场行情预测易耗品需求量，避免过度采购或短缺。选择性价比高的供应商进行合作，降低采购成本。

② 实行严格的库存管理制度，定期进行盘点，确保账实相符。根据实际消耗情况及

时调整库存量，避免过多积压或短缺造成的浪费。

5. 加强员工培训与管理

① 定期对员工进行成本控制意识培训，让员工了解易耗品管理的重要性，增强节约意识。鼓励员工在日常工作中积极参与成本控制活动，如提出节约建议、减少浪费等。

② 制定易耗品使用的标准化操作流程，确保员工在提供服务时能够按照规范进行操作，减少浪费。

五、餐饮成本控制

在酒店餐饮价格和其他因素不变的情况下，餐饮成本决定着酒店利润的高低，餐饮成本降低可以增加酒店的利润，因此减少餐饮方面的开支是提高酒店经济收益最基本的方法，而加强成本控制是降低酒店餐饮成本最有效的途径，也是提高酒店餐饮盈利水平的基本手段。具体措施如图4-6所示。

图 4-6 餐饮成本控制措施

1. 优化采购管理

① 根据历史销售数据、季节变化、节假日等因素，制订合理的采购计划，避免因过量采购导致的库存积压和浪费。

② 与信誉良好、价格合理、质量稳定的供应商建立长期合作关系，确保食材和餐饮用品的质量与成本效益。

③ 对于常用且需求量大的食材，可以采取集中采购的方式降低成本；对于特殊或需求量小的食材，可以采取分散采购的方式满足需求。

2. 控制库存水平

① 定期对库存进行盘点，确保库存数据的准确性，及时发现并处理食材过期、变质等库存问题。

② 遵循"先进先出"的库存管理原则，确保先入库的食材先被使用，避免过期浪费。

③ 根据实际需求和销售预测，合理设置库存量，避免库存过多或过少导致的成本

增加。

3. 提高食材利用率

① 制定标准化的菜单和菜品制作流程，减少食材的浪费和损耗。

② 合理利用食材的边角料，如将蔬菜的根茎部分用于制作汤料等，提高食材的整体利用率。

③ 加强员工培训，提高厨师的技能水平和食材使用率，减少因操作不当导致的浪费。

4. 控制人力成本

① 根据实际需求和工作量，合理安排员工的工作时间和班次，避免人力资源浪费和成本增加。

② 通过优化工作流程、提供必要的工具和设备等方式，提高员工的工作效率和生产力。

③ 建立有效的激励机制，激发员工的工作积极性和创造力，提高工作效率和服务质量。

5. 优化能源使用

① 采用节能的厨房设备和照明设备，减少能源消耗和成本支出。

② 加强设备管理，定期检查和维护设备，确保其正常运行和高效使用。

③ 培养员工的环保意识，鼓励大家共同关注节能减排工作，为酒店的可持续发展做出贡献。

6. 制定合理定价策略

① 根据菜品成本和预期利润率，制定合理的销售价格，确保餐饮业务盈利。

② 定期进行市场调研，了解竞争对手的价格水平和市场需求变化，及时调整定价策略。

③ 通过推出优惠套餐、打折促销等方式吸引客人消费，增加餐饮业务的销售量和收入。

六、能耗成本控制

近年来随着煤、电、油、水等能源价格的不断上涨，酒店业的能耗成本也不断上升。面对激烈的市场竞争，节能减排、减轻成本负担成为酒店立足市场，提高竞争力的关键，推行节能减排对提升酒店行业整体形象具有深远的意义。

1. 节水措施

酒店可以采取图 4-7 所示的多种措施来节约用水，这些措施不仅有助于减少水资源的浪费，还有助于降低运营成本和提升酒店环保形象。

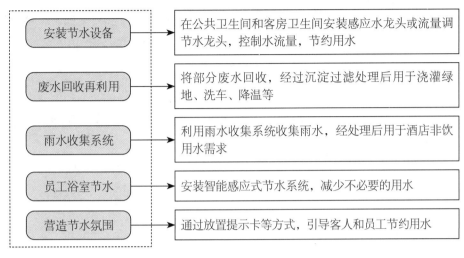

图 4-7　节水措施

2. 节电措施

在用电方面，酒店可以采取图 4-8 所示的措施来减少电能的消耗。

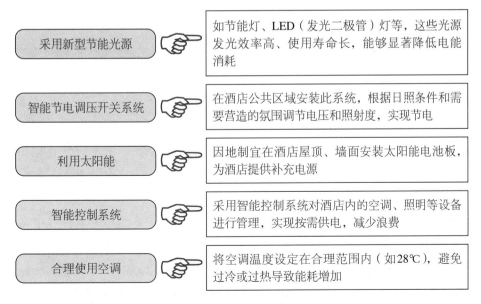

图 4-8　节电措施

3. 能源管理策略

在当今社会注重可持续发展和环境保护的背景下，酒店业面临着越来越大的节能减排压力。因此，实施有效的能源管理策略对于酒店来说至关重要。

（1）引入先进能源管理系统

酒店应与专业的能源管理公司建立紧密的合作关系，这些公司通常拥有先进的能源管理系统（EMS）和丰富的行业经验。通过引入这些系统，酒店能够实现对能源使用的全面、实时监控，从而更精准地掌握能源消耗情况。

先进的能源管理系统能够实时采集酒店内各种能源（如电力、燃气、水等）的消耗数据，并通过图表、报告等形式直观展示。这使得管理人员能够迅速发现能源使用的异常情况，及时采取措施进行调整。

系统不仅能够提供数据监控功能，还能根据预设的节能目标和策略，自动调整设备的运行状态，如优化空调系统的温度设定、调整照明系统的亮度等，以达到节能减排的目的。

（2）定期维护设备

定期对酒店内的设备进行预防性维护是确保其高效运行的关键。通过定期检查、清洁、润滑和调整，可以及时发现并解决潜在的问题，避免因设备故障而导致的能耗增加和运行成本上升。对于能耗高、效率低下的老旧设备，酒店应及时进行更新换代。采用更加节能、高效的设备不仅可以降低能耗，还能提升酒店的整体运营效率和客户体验。

> **小提示**
>
> 酒店应组建或委托专业的维护团队来负责设备的维护工作。这些团队成员应具备丰富的专业知识和实践经验，能够准确判断设备的运行状况，并采取相应的维护措施。

（3）数据分析与优化

利用数据分析工具对酒店能耗数据进行深入挖掘和分析是找出能耗高的区域和设备的重要手段。通过对比不同时间段、不同区域的能耗数据，可以识别出潜在的节能机会和改进点。根据数据分析的结果，酒店可以制定针对性的优化措施。

比如，对于能耗高的区域，可以加强该区域照明和空调系统的控制；对于能耗高的设备，可以考虑对其进行技术改造或替换。

数据分析与优化是一个持续的过程。酒店应建立长效的监测机制，定期对能耗数据进行回顾和分析，并根据实际情况调整优化策略，以实现能源使用的持续优化和能源消耗的降低。

第三节　酒店资金管理

资金管理是酒店财务管理的重要组成部分，涉及资金的筹集、使用、分配和监督等方面，旨在确保酒店经营活动的顺利进行和资金的安全与增值。有效的资金管理能够提高酒店的经济效益和竞争力，降低财务风险，为酒店的可持续发展提供有力保障。

一、建立健全资金管理制度

1. 制定详细的资金管理制度

在酒店财务管理中，建立健全的资金管理制度是确保资金安全、提高资金使用效率的基础。这一制度应详细规定资金管理的各个方面，确保其每一环节都有明确的流程和规范可循。具体如表 4-6 所示。

表 4-6　资金管理制度应包含的内容

序号	内容	具体说明
1	资金的筹集	（1）明确酒店可以通过哪些方式筹集资金，如银行贷款、股东增资、发行债券、租赁融资等，并规定每种筹资方式的申请条件、审批流程、融资成本及风险评估标准 （2）根据酒店的经营计划和资金需求，制订详细的筹资计划，包括筹资规模、筹资期限、筹资用途等，确保筹资活动有序进行
2	资金的使用	（1）规定所有资金支出必须纳入预算管理，严格按照预算执行，不得随意调整或超支 （2）明确不同金额、不同性质的支出所需的审批层级和审批权限，确保每一笔支出都经过适当的审批程序 （3）规定特定用途的资金必须专款专用，不得挪作他用，以确保资金使用的合规性和有效性
3	资金的审批	（1）制定明确的审批标准，包括支出的合理性、合规性、必要性等，为审批人员提供清晰的判断依据 （2）规定审批的时限要求，确保审批流程高效、不拖延，以满足酒店经营活动的需要
4	资金的监控	（1）要求相关部门定期向财务部门提交资金使用情况报告，包括收入、支出、余额等关键指标，以便财务部门及时掌握资金动态 （2）利用财务管理软件等工具对资金流动进行实时监控，及时发现异常情况并采取相应措施

2.完善内部控制体系

建立健全的内部控制体系是确保资金安全,防止资金被挪用、侵占或浪费的重要保障。具体措施如表4-7所示。

表4-7 完善内部控制体系的措施

序号	措施	具体说明
1	岗位分离与制衡	(1)实行不相容职务分离控制,确保资金管理的各个环节由不同的人员负责,形成相互制约、相互监督的机制 (2)明确各岗位的职责和权限,避免权力过于集中或交叉重叠,减少舞弊和出现错误的可能性
2	风险评估与应对	(1)定期对资金管理活动进行风险评估,识别潜在的风险点和薄弱环节 (2)根据评估结果制定相应的应对措施和预案,确保在风险发生时能够及时应对、有效控制
3	内部审计与监督	(1)设立独立的内部审计部门或岗位,对资金管理活动进行定期或不定期的审计和监督 (2)审计人员应保持独立性和客观性,能够客观公正地评价资金管理活动的合规性、有效性和经济性
4	信息沟通与反馈	(1)建立畅通的信息沟通渠道,确保各部门之间能够及时传递和共享资金管理相关信息 (2)设立反馈机制,鼓励员工针对资金管理活动中存在的问题和不足提出意见和建议,以便及时改进和完善

二、优化资金结构

在酒店运营管理中,优化资金结构是确保财务稳健性与经营效益提升的关键环节。

1.合理搭配长短期资金

根据酒店的经营周期和资金需求,合理搭配长短期资金,确保资金的流动性和安全性。具体措施如表4-8所示。

表4-8 合理搭配长短期资金的措施

序号	措施	具体说明
1	把握经营周期	酒店管理者需深入分析酒店的季节性经营特点、预订趋势、入住率波动等,以准确把握酒店的经营周期。不同季节、节假日及特殊活动期间,酒店的资金需求会有显著差异

续表

序号	措施	具体说明
2	灵活调整资金配置策略	基于经营周期的分析，酒店应灵活调整资金配置策略。在旺季或大型活动前，适当增加短期融资以应对突发性的资金需求，如装修升级、市场推广等；而在淡季或经营稳定期，则更多地利用长期资金进行长期投资，如设备更新、房产购置等，以平衡资金流动性与长期发展的需求
3	建立风险缓冲机制	合理搭配长短期资金还意味着要预留一定的流动资金作为风险缓冲，以应对突发事件或不可预见的经济波动，确保酒店在任何情况下都能维持正常的运营

2.降低资金成本

酒店应通过优化融资结构、提高资金使用效率等方式，降低资金成本，提高酒店的盈利能力。具体如表4-9所示。

表4-9 降低资金成本的方式

序号	方式	具体说明
1	优化融资结构	酒店应积极探索多元化的融资方式，包括银行贷款、债券发行、股权融资等，并根据市场利率、融资条件及自身信用状况，选择成本最低、条件最优的融资方式。同时，合理安排债务期限结构，避免集中还款压力，降低融资成本
2	提高资金使用效率	通过精细化管理，提升资金的周转率和使用效率。例如，加强应收账款管理，缩短收款周期；优化库存管理，减少资金占用；采用先进的财务管理系统，实现对资金流动的实时监控和预测，确保资金在各个环节都能得到高效利用
3	利用金融工具	合理利用金融衍生工具如利率互换、远期合约等，对冲利率风险和汇率风险，减少融资成本波动。同时，探索结构性融资、资产证券化等创新融资方式，进一步拓宽融资渠道，降低融资成本
4	提升经营效益	降低资金成本的根本在于提升酒店的盈利能力。通过提高服务质量、优化产品组合、加强市场营销、控制成本等措施，增强酒店的市场竞争力，实现收入的稳步增长和成本的有效控制，从而为资金成本的降低提供坚实支撑

三、优化库存管理

酒店通过优化库存管理来做好资金管理，是提升运营效率、降低成本、增强资金流动性的重要手段。具体措施如图4-9所示。

图 4-9　优化库存管理的措施

1. 合理预测库存需求

① 基于历史销售数据、季节性趋势和节假日需求等因素，对库存需求进行预测。这有助于避免库存过剩或短缺，从而减少资金占用和浪费。

② 定期进行市场调研，了解行业动态、竞争对手策略以及消费者偏好变化，以便更准确地预测未来库存需求。

2. 优化采购流程

① 通过集中采购的方式获得批量折扣，降低采购成本。同时，减少供应商数量，提高采购效率，降低管理成本。

② 与供应商建立长期合作关系，确保物料供应稳定。同时，通过谈判争取更优惠的付款条件和价格，减轻酒店资金压力。

③ 可采用电子化采购系统，实现采购流程的自动化和透明化。这有助于减少人为错误，提高采购效率，并能实时跟踪采购订单和库存状态。

3. 实施精益库存管理

① 实施 JIT（准时制库存系统），确保物料在需要时恰好到达，减少库存积压和资金占用。这要求与供应商紧密合作，确保供应链顺畅运作。

② 根据物料的重要性和使用频率对库存进行分类管理。例如，对 A 类物料（高价值、高需求物料）进行更严格的监控和管理，对 C 类物料（低价值、低需求物料）则可以适当放宽管理要求。

③ 定期进行库存盘点，确保库存数据的准确性。这有助于及时发现和解决库存差异问题，防止资金流失。

4. 利用技术手段提升管理效率

① 引入先进的库存管理系统，实现库存数据的实时更新和共享。这有助于管理层更准确地掌握库存状况，做出更合理的决策。

② 利用 RFID 设备、条形码设备等智能仓储设备，实现库存物料的快速识别和定位。这有助于提高仓库作业效率，减少错误和损失。

③ 利用大数据和人工智能技术对库存数据进行分析和预测，为管理层提供更精准的库存管理建议。例如，通过预测分析提前调整库存策略，避免库存过剩或短缺的风险。

5. 加强内部控制与监督

① 建立完善的库存管理制度，明确库存管理的流程和责任分工。这有助于确保库存管理的规范性和有效性。

② 定期对员工进行库存管理培训，提高其业务能力和职业道德水平。这有助于减少人为错误和舞弊行为。

③ 定期开展内部审计工作，检查库存管理制度的执行情况和库存数据的准确性。这有助于及时发现问题并采取措施加以改进。

四、提高资金使用效率

提高资金使用效率是酒店财务管理的核心目标之一，它直接关系到酒店的盈利能力、偿债能力和市场竞争力。

1. 加强现金流管理

现金流是酒店运营的血液，直接关系到酒店的日常运营和未来发展。因此，加强现金流管理是提高资金使用效率的关键。具体措施如表 4-10 所示。

表 4-10　加强现金流管理的措施

序号	措施	具体说明
1	实时监控现金流状况	（1）建立完善的现金流监控体系，通过财务软件或 ERP（企业资源计划）实时跟踪酒店的现金流入和流出情况 （2）定期对现金流状况进行预测和分析，预测未来一段时间的现金需求，以便及时采取措施应对可能出现的资金短缺问题 （3）设立现金流预警机制，当现金流低于预设的安全水平时，自动触发预警信号，以便管理层及时介入并采取应对措施
2	确保现金流的充足性和稳定性	（1）加强应收账款管理，缩短收款周期，减少坏账损失，确保资金流入的及时性 （2）优化库存管理，减少库存积压和浪费，降低资金占用成本 （3）合理安排支出计划，确保支出与收入相匹配，避免过度支出导致现金流紧张 （4）探索多元化融资渠道，保持一定的财务灵活性，以应对突发事件或市场变化对现金流的冲击

2. 优化资金配置

资金配置是指将有限的资金资源合理地分配到各个经营环节和投资项目中，以实现对资金的最大化利用。具体措施如表 4-11 所示。

表 4-11　优化资金配置的措施

序号	措施	具体说明
1	根据经营需求和市场环境进行配置	（1）深入分析酒店的经营状况和市场环境，了解各业务板块的盈利能力和发展潜力 （2）根据经营需求和市场趋势，合理配置资金资源，优先支持高盈利、高增长的业务板块或项目 （3）密切关注市场动态和政策变化，灵活调整资金配置策略，以应对市场风险和机遇
2	提高资金使用效率	（1）优化投资结构，选择具有稳定收益和良好前景的投资项目，避免盲目扩张或高风险投资行为 （2）加强内部管理和控制，减少不必要的开支和浪费，提高资金利用效率 （3）引入先进的财务管理工具和方法，如预算管理、成本控制、绩效评估等，提升财务管理水平 （4）鼓励员工参与资金节约和效率提升活动，形成全员参与、共同推动的良好氛围

第四节　酒店财务风险管理

良好的财务管理水平和风险管控能力不仅能够为酒店带来更多的营收和效益，还能帮助酒店规避一定的财务风险。因此，挖掘酒店的财务风险点，对风险进行防范和把控就显得极其重要。

一、应收账款风险识别与防范

酒店应收账款风险识别与防范是酒店财务管理中的重要环节，直接关系到酒店的资金流动性和经营稳定性。

1. 应收账款风险识别

酒店应收账款风险主要表现在表 4-12 所示的几个方面。

表4-12 应收账款风险表现

序号	风险表现	具体说明
1	信用风险	（1）客户信用风险：客户因经营不善、资金链断裂等原因无法按时支付账款 （2）信用政策风险：酒店制定的信用政策过于宽松，导致大量应收账款积累，坏账风险增加
2	管理风险	（1）内部控制缺陷：酒店内部管理制度不健全或执行不到位，导致应收账款管理混乱 （2）人员风险：销售人员为追求业绩而忽视应收账款的回收，或财务部门与业务部门沟通不畅，导致账款信息失真
3	市场风险	（1）经济环境变化：宏观经济波动、行业竞争加剧等市场因素可能导致客户支付能力下降 （2）自然灾害与突发事件：如疫情等不可抗力因素可能导致客户经营困难，进而影响账款回收

2. 应收账款风险防范

鉴于应收账款风险表现，酒店可采取表4-13所示的措施来防范应收账款风险。

表4-13 应收账款风险防范措施

序号	防范措施	具体说明
1	加强客户信用管理	（1）收集客户的财务状况、经营稳定性、历史付款记录等信息，建立全面的客户信用档案 （2）根据客户信用档案，进行信用评级并确定信用额度，对高风险客户采取更为严格的收款政策
2	完善应收账款管理制度	（1）根据酒店的经营状况和市场环境，制定科学合理的信用期限和折扣政策 （2）建立健全的应收账款管理制度，明确各部门职责，确保账款信息的准确性和及时性 （3）定期与客户对账，确保双方数据一致，及时发现并处理差异
3	强化催收机制	（1）组建专业的催收团队，负责应收账款的催收工作 （2）根据账款的账龄和客户的信用状况，制订针对性的催收计划 （3）采用多种催收手段，如电话催收、信函催收、上门催收等，必要时可采取法律手段
4	增强风险意识	（1）定期对财务、销售等关键岗位的员工进行应收账款风险防范培训 （2）建立风险预警机制，对可能出现的应收账款风险进行预警和监控，及时发现并采取措施加以应对
5	利用金融工具	（1）将应收账款转让给保理公司，提前回收资金，降低坏账风险 （2）利用应收账款进行融资，缓解资金压力，提高资金利用效率

酒店如何避免呆账和坏账

要避免呆账和坏账，酒店需要从多个方面入手，采取一系列有效的管理措施。以下是一些关键步骤和策略。

一、事前管理

1.加强客户信用评估

① 建立客户信用档案：收集客户的详细信息，包括财务状况、经营稳定性、历史付款记录等，建立全面的客户信用档案。

② 信用评级：根据收集到的信息对客户进行信用评级，确定其信用额度和信用期限。

③ 动态调整：定期复审客户的信用状况，根据最新情况调整信用政策。

2.明确合同条款

① 在签订合同时，明确约定付款方式、付款期限、违约责任等关键条款，确保合同内容全面、具体、无歧义。

② 必要时可请法律顾问审核合同，确保合同的合法性和有效性。

3.制定预付款和定金制度

对于大额订单或长期合作客户，可以要求其支付一定的预付款或定金，以降低酒店的风险。

二、事中管理

1.动态跟踪与分析

① 对应收账款进行动态跟踪和分析，及时了解客户的付款情况，确保账款回收的及时性。

② 定期对账，确保双方数据的一致性，避免因对账不清而产生的纠纷。

2.建立催收机制

① 建立完善的催收机制，对于即将到期或已逾期的账款，及时提醒客户或催收。

② 催收过程中需保持礼貌和专业，避免与客户产生不必要的冲突。

3.激励与约束

① 对于按时付款的客户给予一定的优惠或奖励，以鼓励其继续保持良好的付款习惯。

② 对于长期拖欠账款的客户，可采取适当的限制措施，如降低信用额度或取消合作资格。

三、事后管理

1. 采取法律手段

① 对于经过多次催收仍不付款的客户，酒店可考虑采取法律手段进行追讨。

② 在此过程中需确保相关证据的完整性和有效性，以便在法律程序中维护酒店的合法权益。

2. 计提坏账准备

① 根据会计准则的要求计提坏账准备，以应对可能出现的坏账损失。

② 定期对坏账准备进行评估和调整，确保其与酒店的实际情况相符。

3. 总结经验教训

① 对于已经形成的呆账和坏账进行深入的总结和分析，找出问题的根源并总结经验教训。

② 根据所总结的经验教训对现有的应收账款管理制度进行改进和完善，以避免类似问题的再次发生。

四、其他管理措施

1. 加强内部培训

① 定期对财务人员进行应收账款管理方面的培训，提升其业务能力和风险意识。

② 鼓励员工提出改进建议以不断优化应收账款管理流程。

2. 信息化建设

① 利用现代信息技术手段建立应收账款管理系统，实现数据的实时更新和共享。

② 通过数据分析及时发现潜在的风险和问题并采取相应的措施加以避免和解决。

3. 绩效考核

① 将应收账款的回收情况纳入员工的绩效考核体系之中，以激发其工作积极性和责任心。

② 设定合理的考核指标和奖惩机制以确保考核的公正性和有效性。

综上所述，避免呆账和坏账需要酒店从多个方面入手采取综合措施。通过加强客户信用评估、明确合同条款、建立催收机制、采取法律手段以及加强内部培训等措施可以有效降低应收账款的风险并提高其回收率。

二、收入管理风险识别与防范

酒店营业收入是酒店利润的重要支撑点，也是现金流的源头。收入管理不仅关系到酒店的盈利能力，还直接影响到酒店的竞争力和市场地位。

1. 收入管理风险识别

酒店收入管理风险主要表现在表 4-14 所示的几个方面。

表 4-14　收入管理风险表现

序号	风险表现	具体说明
1	市场风险	（1）旅游市场的季节性变化、突发事件（如疫情、自然灾害）等导致客源不稳定，影响酒店入住率和收入 （2）同区域内酒店数量增加，价格竞争加剧，可能导致酒店降价促销，影响收入水平 （3）宏观经济形势、消费者购买力等因素对酒店行业产生广泛影响，进而影响酒店收入
2	价格策略风险	（1）过高或过低的定价策略都可能导致客户流失或利润下降 （2）频繁调整价格可能导致客户信任度降低，影响长期收入
3	销售渠道风险	（1）过度依赖某一销售渠道（如在线旅游平台）可能导致佣金成本增加，降低酒店利润空间 （2）不同销售渠道之间的价格和服务差异可能导致客户不满，影响品牌形象和收入
4	客户信用风险	（1）部分客户可能因各种原因无法按时支付房费，导致酒店产生坏账损失 （2）客户使用虚假信息预订房间或进行其他欺诈行为，给酒店带来经济损失
5	内部管理风险	（1）酒店预订系统、收银系统等出现故障可能导致收入数据丢失或错误，影响收入核算 （2）前厅员工在录入信息、处理账务等方面出现错误，可能导致收入损失

2. 收入管理风险防范

鉴于收入管理风险表现，酒店可采取表 4-15 所示的措施来防范收入管理风险。

表 4-15　收入管理风险防范措施

序号	防范措施	具体说明
1	加强市场研究与分析	（1）密切关注市场动态和竞争对手情况，及时调整经营策略和价格策略 （2）利用大数据分析客户需求和偏好，提供定制化服务和产品，提高客户满意度和忠诚度

续表

序号	防范措施	具体说明
2	优化价格策略	（1）根据市场需求、成本结构和竞争状况制定合理的价格策略 （2）实施动态定价机制，根据市场变化及时调整价格，保持价格竞争力
3	拓展销售渠道	（1）建立多元化的销售渠道体系，包括直销渠道（官网等）和分销渠道（在线旅游平台、旅行社等） （2）加强与渠道商的合作与沟通，确保销售渠道畅通并实现利益共享
4	加强客户信用管理	（1）建立完善的客户信用评估体系，对客户进行信用评级和分类管理 （2）加强对高风险客户的监控和催收工作，降低坏账风险
5	提升内部管理水平	（1）加强信息系统建设和维护，确保系统稳定运行和数据安全 （2）定期对员工进行培训和考核，提高员工的专业素养和操作技能 （3）建立完善的内部控制制度，加强财务监督和审计工作，确保收入核算的准确性和及时性
6	建立风险预警机制	（1）定期对收入管理活动进行评估和监测，及时发现潜在风险 （2）制定风险应急预案，明确应对措施和责任分工，确保在风险发生时能够迅速响应和有效应对
7	加强品牌建设与市场推广	（1）加大品牌宣传力度，提升酒店知名度和美誉度 （2）推出具有特色的服务和产品，吸引更多客户关注和入住

三、支出管理风险识别与防范

酒店支出管理风险识别与防范，直接关系到酒店的成本控制、资金流动性和经营效益。酒店管理者通过有效的防范，可以降低支出管理风险的发生概率和影响程度，保障酒店的稳健运营和可持续发展。

1. 支出管理风险识别

酒店支出管理风险主要表现在表 4-16 所示的几个方面。

表 4-16　支出管理风险表现

序号	风险表现	具体说明
1	内部风险	（1）管理不善：如预算制定不合理、审批流程不严格、成本控制不精细等 （2）员工失误或舞弊：如在采购过程中贪污、挪用公款、虚假报销等 （3）系统漏洞：如财务管理系统存在缺陷，导致数据不准确或泄露

续表

序号	风险表现	具体说明
2	外部风险	（1）市场波动：如原材料价格上涨、劳动力成本增加等 （2）政策变化：如税收政策、环保政策等的调整对酒店支出产生影响 （3）供应商风险：如供应商违约、供货质量不达标等

2. 支出管理风险防范

鉴于支出管理风险表现，酒店可采取表4-17所示的措施来防范支出管理风险。

表4-17 支出管理风险防范措施

序号	防范措施	具体说明
1	建立健全预算制度	（1）制定科学合理的年度预算，明确各项支出的上限和用途 （2）定期对预算执行情况进行跟踪和分析，及时调整预算方案
2	加强内部控制	（1）完善审批流程，确保每笔支出都经过适当的审批程序 （2）设立独立的审计部门或聘请第三方审计机构，对财务支出进行定期审计 （3）加强员工培训和职业道德教育，提高员工的风险意识和责任感
3	优化采购管理	（1）与多家供应商建立长期合作关系，争取更优惠的价格和服务 （2）实行集中采购和批量采购，降低采购成本 （3）加强对采购过程的监督和管理，确保采购活动的合法性和合规性
4	强化资金管理	（1）设立专门的资金管理部门或岗位，负责资金的日常管理和监控 （2）加强对现金流的预测和管理，确保资金充足并能合理调度 （3）严格控制应收账款和应付账款的账龄和金额，防止坏账和资金占用过多
5	利用信息技术手段	（1）引入先进的财务管理软件和系统，提高财务管理的效率和准确性 （2）借助大数据和云计算等技术手段，对财务数据进行深入分析和挖掘，发现潜在的风险点
6	建立风险预警机制	（1）设定风险预警指标和阈值，对潜在的支出管理风险进行实时监控和预警 （2）制定应急处理预案，一旦发生风险事件能够迅速响应并妥善处理
7	加强外部沟通与合作	（1）与行业协会、政府部门等保持密切联系，及时了解行业动态和政策变化 （2）与其他酒店建立合作关系，共享信息和资源，共同应对外部风险

第五章
酒店营销推广管理

第一节　市场分析与定位

市场分析与定位是市场营销策略的核心组成部分，能帮助酒店在竞争激烈的市场环境中找到自身的定位和竞争优势。市场分析通过深入了解市场需求、竞争对手情况以及消费者行为，为酒店提供决策依据，确保酒店能够准确地把握市场机会。市场定位则是在市场分析的基础上，通过确定产品的特色和品牌形象，在消费者心中占据一个独特的位置，从而区分于竞争对手，吸引目标客户。

一、市场调研

在酒店市场营销的初步阶段，市场调研是至关重要的环节，它为后续的市场分析与定位提供了坚实的基础。

1. 目标客户群体

明确酒店的目标客户是市场调研的首要任务。这一步骤旨在深入剖析潜在客户的各种特征，以便酒店能够精准地满足其需求。具体来说，对于目标客户我们需要关注表5-1所示的几个方面。

表5-1　需关注的目标客户群体的要点

序号	关注要点	具体说明
1	年龄	不同年龄段客户的住宿偏好、服务需求及消费能力可能存在显著差异。比如，年轻游客可能更注重酒店的社交氛围和娱乐设施，而中老年客户则可能更看重房间的舒适度和服务的便捷性
2	性别	性别差异也可能影响客户的住宿选择。比如，女性客户可能更关注房间的安全性和清洁度，而男性客户则可能更看重房间的宽敞度和设施配备
3	职业	职业背景能反映客户的消费能力和消费习惯。比如，商务人士可能更关注酒店的商务设施和会议服务，而旅游爱好者则可能更看重酒店的位置和周边旅游资源
4	收入水平	收入水平决定了客户的消费能力和消费层次。高端客户可能更追求奢华的住宿体验和个性化的服务，而经济型客户则可能更注重性价比和实惠的价格
5	兴趣爱好	了解客户的兴趣爱好有助于酒店为其提供更具针对性的服务和活动。例如，对于喜欢户外运动的客户，酒店可以提供相关的装备租赁和导览服务

2. 竞争对手分析

在竞争激烈的市场环境中，了解和分析竞争对手的优劣势是制定有效营销策略的关键。我们需要关注同区域、同档次的竞争对手，并从表 5-2 所示的几个方面进行分析。

表 5-2　竞争对手分析要点

序号	分析要点	具体说明
1	价格	比较不同竞争对手的定价策略，了解市场价格水平和波动情况，以便制定具有竞争力的价格策略
2	服务	评估竞争对手的服务质量、服务态度和服务效率，找出自身在服务方面的不足和改进空间
3	设施	考察竞争对手的硬件设施和软件设施，包括客房装修、餐饮设施、娱乐设施等，以便为自身的设施升级和改造提供参考
4	营销策略	分析竞争对手的营销策略和手段，包括广告宣传、促销活动、客户关系管理等，以便从中汲取经验和灵感，制定更具创意和实效的营销策略

3. 市场需求分析

通过问卷调查、数据分析等方式，了解目标客户在酒店住宿、餐饮、娱乐等方面的需求是市场调研的核心内容。这有助于酒店把握市场动态和客户需求变化，为产品和服务创新提供方向。具体来说，我们需要关注表 5-3 所示的几个方面。

表 5-3　市场需求分析的要点

序号	分析要点	具体说明
1	住宿需求	了解客户在客房类型、床品质量、房间布局等方面的偏好和需求，以便提供更加舒适和个性化的住宿体验
2	餐饮需求	考察客户的口味偏好、饮食习惯和对餐饮服务的期望，以便推出更符合客户口味的菜品和提供更优质的餐饮服务
3	娱乐需求	分析客户对酒店娱乐设施，如健身房、游泳池、SPA 馆等的需求和偏好，以便提供多样化的娱乐选择和满足客户的休闲需求
4	其他需求	除了住宿、餐饮和娱乐方面的需求外，还需要关注客户对酒店位置、交通便利性、周边旅游资源等方面的需求，以便提供更加全面的服务和支持

二、市场细分

在酒店行业，进行市场细分是一个至关重要的策略，它帮助酒店更精准地定位目标市场，优化资源配置，并提供更加个性化和针对性的服务。通过综合考虑图 5-1 所示的因素，酒店可以将市场细分为多个子市场，并针对每个子市场制定差异化的营销策略和服务方案。

图 5-1　市场细分时需考虑的因素

1. 地理位置

按地理位置因素来分，可将酒店市场细分为表 5-4 所示的子市场。

表 5-4　按地理位置细分酒店市场

序号	市场类型	具体说明
1	城市中心酒店	位于城市繁华地段的酒店，主要吸引商务旅客、会议代表以及寻求城市体验的游客。这些客户通常对酒店的交通便利性、商务设施、周边餐饮娱乐资源有较高的要求
2	景区附近酒店	靠近著名景点或自然风光的酒店，主要吸引旅游客群，特别是度假游客和家庭游客。他们更看重酒店的景色、休闲娱乐设施以及与景区的便捷连接
3	交通枢纽周边酒店	如机场、火车站附近的酒店，通常吸引需要中转或短期停留的旅客，他们对价格敏感度较高，同时也关注酒店的交通接驳服务和便利性

2. 客户群体

按客户群体因素来分，可将酒店市场细分为表 5-5 所示的子市场。

表 5-5　按客户群体细分酒店市场

序号	市场类型	具体说明
1	商务客	这类客户以出差人士为主，其对酒店的商务设施（如会议室、商务中心）、网络连接、早餐服务等有较高的要求。他们可能更看重酒店的品牌、服务质量和地理位置的便利性
2	旅游客	包括休闲度假游客和探险游客。休闲度假游客注重酒店的舒适度、休闲娱乐设施和服务质量；探险游客则可能更关注酒店与周边旅游资源的距离和便利性
3	家庭客	家庭出游时，父母会考虑酒店的家庭友好度，如是否提供儿童游乐区、婴儿床、家庭房型等。同时，价格的合理性和服务的周到性也是家庭客选择酒店时的重要考量因素

3.价格敏感度

按价格敏感度因素来分,可将酒店市场细分为表5-6所示的子市场。

表5-6 按价格敏感度细分酒店市场

序号	市场类型	具体说明
1	高端市场	面向追求奢华体验和个性化服务的客户群,他们对价格不敏感,更看重酒店的品牌、设施、服务和独特体验
2	中端市场	面向注重性价比的客户群,他们希望在合理的价格范围内获得舒适、干净的住宿环境和基本的服务设施
3	经济型市场	面向对价格高度敏感的客户群,如背包客、学生等,他们可能更看重酒店的价格优势、基本住宿条件和便利性

三、市场定位

在酒店行业中,市场定位是制定营销策略、塑造品牌形象和吸引目标客户群体的关键步骤。它基于深入的市场调研和细致的市场细分,旨在明确酒店在竞争激烈的市场中所处的位置,并据此确定一系列与之相匹配的策略。

1.品牌形象定位

酒店的品牌形象定位是其市场定位的核心组成部分。根据市场调研结果,酒店需要明确其目标客户群体对于品牌价值的期待和偏好,进而塑造出独特的品牌形象。

比如,如果酒店位于风景秀丽的度假胜地,并主要吸引家庭游客和休闲度假者,那么其品牌形象可以定位为"温馨、舒适、家庭友好",通过提供亲子活动、家庭房型、儿童游乐区等特色服务来强化这一形象。

2.产品特色定位

产品特色是酒店区别于竞争对手的关键因素。在进行市场细分的基础上,酒店需要识别并强化自身产品的独特卖点。

比如,酒店拥有得天独厚的自然景观或深厚的历史文化底蕴,可以将其打造为"自然生态"或"文化遗产"主题酒店,提供与主题相关的特色餐饮、文化体验活动等服务。

此外,酒店还可以根据客户需求开发定制化服务,如婚礼策划、商务会议服务等,以满足不同客户群体的特殊需求。

3.价格策略定位

价格策略定位是酒店市场定位中的重要一环。在制定价格策略时,酒店需要综合考虑成本、市场需求、竞争对手定价以及目标客户群体的支付能力等因素。如果酒店定位为高端奢华酒店，其价格可能会偏高，以体现其高品质服务和独特体验；如果酒店面向经济型市场，则需要采取更具竞争力的价格策略来吸引价格敏感的客户群体。

同时，酒店还可以根据季节、节假日等因素灵活调整价格策略，以应对市场需求的变化。

第二节　营销策略与计划

营销是现代市场竞争中不可或缺的重要环节，它涉及酒店如何定位自己的产品或服务、如何吸引并留住消费者、如何与竞争对手展开有效竞争等诸多方面。为了在激烈的市场竞争中保持竞争优势，酒店需要制定有效的营销策略，并进行合理的规划。

一、产品策略

产品策略是指企业为了满足市场需求，实现企业营销目标，对产品的定位、设计、定价、促销等全过程进行的一系列决策。

对于酒店来说，可以采用图 5-2 所示的产品策略。

图 5-2　产品策略

1. 广度策略

增加产品或服务的数量，如除了传统的客房服务外，还可以增加餐饮服务、会议服务、娱乐服务等，以满足不同客人的需求。

比如，酒店可以增设健身房、游泳池、SPA 中心等娱乐设施，以吸引更多追求高品质生活的客人。

2. 长度策略

在每个产品或服务分类中增加不同的产品或服务项目。如在餐饮服务中，可以提供中餐、西餐、自助餐、特色主题餐等多种选择。通过增加产品或服务项目的多样性，提升客人的体验感和满意度。

比如，对于客房产品，不同类型的客户对住宿环境有着不同的需求和偏好。因此，酒店可以提供多样化的客房类型，包括标准间、豪华间、套房以及家庭房等，以满足不同客户群体的需求。每种客房类型都应配备舒适的床品、现代化的设施以及贴心的服务，确保客户在入住期间能够享受到舒适和便利。

3. 深度策略

增加一项服务所包含的相关服务内容。如在客房服务中，除了提供基本的住宿设施外，还可以增加定制床品、免费小吃和饮料、私人管家服务等增值服务。这些增值服务有助于提升酒店的品牌形象和客人忠诚度。

4. 密度策略

调整各类产品或服务之间的关联程度。如通过联合促销或推出优惠套餐等方式，将客房、餐饮、娱乐等服务项目捆绑销售，提高整体销售额。

二、渠道策略

渠道策略是指企业通过选择合适的渠道来传递产品或服务给消费者的过程。对于酒店来说，可以通过线上和线下两个不同的渠道来扩大其市场覆盖范围和提升销售业绩。

1. 线上渠道

对于线上渠道，酒店需要加强在多个在线平台上的建设和推广，具体如表5-7所示。

表5-7 线上渠道

序号	渠道	具体说明
1	在线旅游平台	加强与携程、去哪儿等知名在线旅游平台的合作，确保酒店信息在这些平台上能准确展示和及时更新。通过优化酒店页面、提供详细的服务描述和展示高质量的图片，增加客户在酒店页面上的停留时间和提高预订转化率。同时，利用平台的营销工具，如优惠券、促销活动等，吸引更多客户选择酒店
2	官方网站	官方网站是酒店线上营销的核心。需要投入资源优化官网的用户体验，确保网站界面简洁明了、导航直观便捷，并提供多语言版本以满足国际客户的需求。通过发布酒店新闻、优惠活动、客户评价等内容，增强官网的互动性和吸引力。同时，利用SEO（搜索引擎优化）技术提高官网在搜索引擎中的排名，增加有机流量
3	社交媒体平台	利用微博、微信、抖音等社交媒体平台，与潜在客户进行互动和交流。发布有趣、有用的内容，如酒店美景、客户评价、优惠活动等，吸引用户关注和分享。通过举办线上问答、抽奖等活动，增强用户的参与感和提高用户忠诚度。同时，利用社交媒体平台的广告投放功能，进行精准的广告推广

2. 线下渠道

对于线下渠道，酒店则需要与旅行社、会议组织者等建立紧密的合作关系。旅行社是酒店传统的销售渠道之一，酒店可以与旅行社合作，推出针对团队游客的优惠套餐，吸引更多的团队入住。同时，会议组织者也是酒店的重要合作伙伴，酒店可以提供专业的会议服务，与会议组织者共同策划和开展各类会议和活动，从而拓展酒店的业务范围和提升酒店知名度。

三、促销策略

促销策略是酒店市场营销组合中的重要一环，旨在运用各种手段提高酒店的知名度、吸引潜在客户并促进销售。酒店常用的促销策略主要有以下几种。

1. 价格促销

价格促销是酒店促销中最常见的策略之一。通过提供折扣价，酒店可以吸引新客户并鼓励现有客户再次选择酒店。一些价格促销的方式如表 5-8 所示。

表 5-8 价格促销的方式

序号	方式	具体说明
1	直接折扣	（1）季节性折扣：在旅游淡季或特定时间段（如冬季、夏季的某些月份）提供折扣，以吸引对价格敏感的客人 （2）提前预订折扣：鼓励客人提前预订房间，通过提供折扣来锁定客人未来的住宿需求 （3）连住优惠：为连续入住多晚的客人提供折扣，这有助于减少空房率并增加客人的住宿天数
2	套餐优惠	（1）住宿+餐饮套餐：将住宿与餐饮结合，推出包含早餐、晚餐或特定餐饮体验的套餐，以更具吸引力的价格吸引客人 （2）住宿+附加服务套餐：如住宿+SPA、住宿+景点门票等，通过捆绑附加服务来提升整体价值感
3	限时特价	（1）在特定时间段（如周末、节假日前夕）推出限时特价房，利用时间紧迫感促使客人立即预订 （2）"最后几间房"促销：当酒店即将满房时，对剩余房间进行降价促销，以避免空置
4	团体折扣	为团队预订（如家庭出游、朋友聚会、公司团建等预订场景）提供折扣，鼓励更多人一起入住
5	会员专享优惠	为酒店会员提供专属折扣，提升会员的忠诚度，增强其归属感。会员折扣可以基于会员等级或累积的积分来设定

续表

序号	方式	具体说明
6	交叉销售与升级优惠	（1）在客人预订时提供升级选项（如从标准房升级到豪华房），并给出吸引人的折扣或优惠条件 （2）通过交叉销售其他服务（如租车、旅游保险等）来提供额外的折扣或优惠，增加整体收入
7	联合促销	（1）在社交媒体平台上发布限时折扣码或优惠券，鼓励粉丝分享并邀请朋友一起预订 （2）与航空公司、信用卡公司、在线旅游平台等合作伙伴推出联合促销活动，通过互相引流来增加预订量

2. 广告宣传

① 酒店可利用电视、广播、报纸、杂志等传统媒体进行广告宣传，覆盖更广泛的受众群体。

比如，在旅游频道或栏目投放酒店广告，或者在报纸的旅游版面刊登酒店特色和服务的介绍。

② 酒店可利用互联网、移动应用、社交媒体等新媒体渠道，进行精准的广告投放和内容营销。

比如，利用大数据技术分析目标客户的兴趣和行为，进行个性化的广告推送；或者在微博、微信、小红书等社交媒体平台上发布酒店动态、优惠信息和客户评价，吸引潜在客户的关注。

> **小提示**
>
> 无论是传统媒体还是新媒体，广告宣传都需要注重创意和内容质量。通过制作精美的广告画面、撰写吸引人的广告文案，以及展示酒店独特的卖点和优势，来吸引客户的注意并激发他们的入住欲望。

3. 线上推广

酒店还可通过表 5-9 所示的线上推广方式来进行促销。

表 5-9　线上推广方式

序号	活动类型	具体说明
1	SEO（搜索引擎优化）	通过优化酒店官方网站的内容、结构和链接等，提高网站在搜索引擎中的排名，从而增加潜在客户的访问量。例如，优化网站的关键词、标题和描述，使其更符合搜索引擎的算法和用户的搜索习惯

续表

序号	活动类型	具体说明
2	SEM（搜索引擎营销）	利用搜索引擎的广告平台进行付费广告投放，如百度推广、谷歌广告平台等。通过精准的关键词选择和广告定位，将酒店的广告展示给潜在客户，提高点击率和转化率

四、价格策略

在酒店行业中，价格策略是市场营销组合中的一个关键要素，它直接影响到酒店的盈利能力、市场份额以及客户忠诚度。通过制定合理的价格策略，酒店可以在激烈的市场竞争中保持竞争优势，实现可持续发展。

制定价格策略时应当进行深入的市场分析，充分考虑酒店的市场定位、竞争对手的价格策略、季节性变化以及客户需求等多个因素。具体如图 5-3 所示。

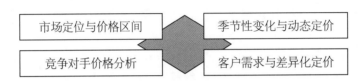

图 5-3 制定价格策略时应考虑的因素

1. 市场定位与价格区间

首先，明确酒店的市场定位是制定价格策略的基础。高端豪华酒店、中端商务酒店或经济型连锁酒店等的市场定位不同决定了其价格区间的不同。高端豪华酒店往往提供高品质的服务和设施，因此价格相对较高；而经济型连锁酒店则更注重性价比，价格更为亲民。根据市场定位，酒店可以确定一个合理的价格区间，以确保价格与品牌形象和服务质量相匹配。

2. 竞争对手价格分析

了解并分析竞争对手的价格策略是制定酒店价格策略的重要步骤。通过收集和分析竞争对手的房价信息，酒店可以评估自身在市场上的价格竞争力。如果竞争对手的价格普遍较低，酒店可能需要考虑调整价格策略以吸引客户；如果竞争对手的价格较高，酒店则可以强调自身的独特卖点和服务优势，维持或提高价格水平。

3. 季节性变化与动态定价

季节性变化对酒店业的影响尤为显著。在旅游旺季，酒店需求增加，价格可以相应上调；而在淡季，为了吸引客户，酒店可能需要采取降价促销等策略。因此，酒店应制定灵活的动态定价策略，根据季节变化、节假日、特殊事件等因素调整价格，以实现收益最大化。

4. 客户需求与差异化定价

不同客户群体的需求和支付能力存在差异，酒店可以通过差异化定价来满足不同客户的需求。

比如：对于商务客户，酒店可以提供包含会议室、高速网络等商务设施的套餐；对于家庭客户，则可以推出包含儿童游乐设施、家庭房等在内的优惠套餐。

通过差异化定价，酒店可以吸引更多类型的客户，提高入住率和客户满意度。

> **小提示**
>
> 酒店应定期监控价格策略的执行效果，并根据市场反馈和数据分析结果进行调整。通过收集客户反馈，分析入住率、平均房价等关键指标，酒店可以评估价格策略的有效性，并及时作出调整以应对市场变化。

五、营销计划制订

在酒店运营中，制订一个全面且详细的营销计划是至关重要的，它直接关系到酒店的市场定位、品牌知名度、客户吸引力以及最终的经济效益。根据酒店的营销策略，我们可以从图5-4所示的几个步骤来制订营销计划。

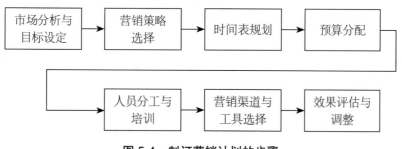

图 5-4　制订营销计划的步骤

1. 市场分析与目标设定

对当前酒店市场进行深入分析，包括竞争对手分析、目标客户群体定位、市场需求趋势预测等。基于这些分析，明确酒店的市场定位，设定具体的营销目标，如提升入住率、增加品牌曝光度、提高客户满意度等。

2. 营销策略选择

结合市场分析结果，选择适合酒店的营销策略。这可能包括数字营销（如社交媒体推广、搜索引擎优化、在线广告投放）、线下营销（如举办开业庆典、主题派对、客户答谢会）、合作伙伴营销（与航空公司、旅行社、在线旅游平台等建立合作关系）以及客户关系管理策略等。

3. 时间表规划

制定详细的时间表，明确各项营销活动的时间节点和执行顺序。这包括年度营销计划的大致框架、季度或月度营销重点、具体活动（如节日促销、季节性活动等）的时间安排以及评估与调整的时间点。确保营销活动有序进行，避免时间冲突和资源浪费。

4. 预算分配

根据营销策略和时间表，编制详细的营销预算。预算应覆盖所有营销活动的费用，包括广告费用、活动组织费用、礼品采购费用、人员培训费用等。同时，需要预留一定的机动预算以应对突发情况或用于调整策略。合理分配预算，确保营销活动的有效性和经济性。

5. 人员分工与培训

明确营销团队的人员分工，确保每个成员都清楚自己的职责和任务。根据营销计划的需要，可能需要跨部门协作，如销售部、市场部、公关部、前厅部等多个部门协作。同时，对参与营销活动的员工进行必要的培训，提高他们的专业素养和服务水平，确保营销活动的顺利进行。

6. 营销渠道与工具选择

根据酒店的目标客户和营销策略，选择合适的营销渠道和工具。这可能包括社交媒体平台（如微信、微博、抖音等）、酒店官网、在线旅游平台、电子邮件营销、短信营销等。利用这些渠道和工具，有效地传递酒店信息，吸引潜在客户，促进预订。

7. 效果评估与调整

制定营销效果评估机制，定期监测和分析营销活动的效果，如入住率变化、品牌曝光度提升情况、客户满意度反馈等。根据评估结果，及时调整营销策略和计划，确保营销活动的持续有效性和适应性。

第三节　品牌建设与推广

品牌可以提升酒店的知名度和美誉度，使消费者能够在众多选择中更容易找到和选择自己信任的酒店。品牌可以赋予酒店独特的个性和定位，使其在市场中有明显的竞争优势。品牌建设和推广可以提高客户的忠诚度，使客户成为酒店的忠实粉丝，从而保持酒店的持续经营。

一、品牌形象设计

酒店品牌形象设计是一个综合性的过程，旨在融合视觉、文化和情感等多方面的元素，塑造出一个独特且具有吸引力的品牌形象。

1. 品牌形象设计的意义

品牌形象设计是酒店与消费者之间建立联系的重要桥梁，它能够帮助酒店在激烈的市场竞争中脱颖而出。通过精心设计的品牌形象，酒店可以传达其独特的文化、理念和价值观，从而吸引目标消费者，提高品牌忠诚度和酒店市场份额。

2. 品牌形象设计的主要内容

品牌形象设计的主要内容如表 5-10 所示。

表 5-10　品牌形象设计的主要内容

序号	设计内容	具体说明
1	品牌名称	品牌名称是品牌形象的重要组成部分，它应该简洁易记，能够准确传达酒店的定位和特色。一个好的品牌名称可以让人一听就联想到酒店的核心价值和品牌形象
2	品牌标志（Logo）	品牌标志是酒店品牌形象的视觉核心，它通常包括图形、文字或两者的结合。标志设计需要具有独特性、辨识度和美观性，能够让人一眼就认出酒店品牌。同时，标志还需要与酒店的定位、文化和风格相协调
3	品牌色彩	色彩在品牌形象设计中扮演着重要角色。不同的色彩可以传达出不同的情感和氛围。酒店需要根据自身的定位和特色，选择适合的色彩来塑造品牌形象。例如，高端酒店可能会选择金色、银色等高贵典雅的色彩，而经济型酒店则可能更倾向于温馨舒适的色彩搭配

续表

序号	设计内容	具体说明
4	品牌字体	品牌字体也是品牌形象设计的重要组成部分。字体的选择应该与酒店的定位和文化相协调，同时具有一定的辨识度和美观性。例如，高端酒店可能会选择优雅、简洁的字体来体现其高端品质
5	品牌故事	品牌故事是酒店品牌形象的文化内核。一个好的品牌故事可以让人感受到酒店的文化底蕴和情感价值，从而增强品牌的吸引力。酒店需要深入挖掘自身的文化内涵和特色，创作出具有感染力和共鸣力的品牌故事

3. 品牌形象设计的策略

品牌形象设计的策略如图 5-5 所示。

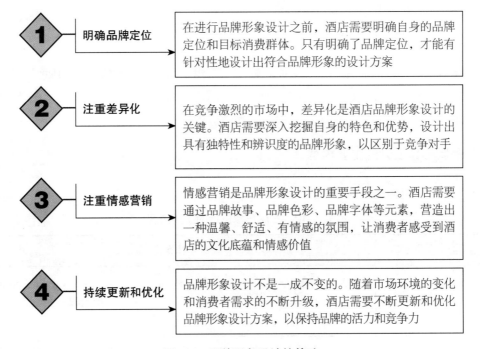

图 5-5　品牌形象设计的策略

二、品牌传播

酒店品牌传播是酒店以品牌的核心价值为原则，在品牌识别的整体框架下，通过多种传播方式，将特定品牌推广出去，以建立品牌形象、促进市场销售、培养消费者忠诚度的过程。

1. **品牌传播的意义**

品牌传播对于酒店来说至关重要。它不仅有助于提升酒店的知名度和美誉度，还能提升消费者对品牌的认知度和忠诚度，进而促进酒店销售增长和市场份额的扩大。通过有效的品牌传播，酒店能够塑造独特的品牌形象，区别于竞争对手，形成差异化竞争优势。

2. **品牌传播的主要方式**

品牌传播的主要方式有表 5-11 所示的几种。

表 5-11 品牌传播的主要方式

序号	传播方式	具体说明
1	广告传播	广告是提高品牌知名度、信任度、忠诚度，塑造品牌形象和个性的重要手段。通过广告，酒店可以迅速传递品牌信息，吸引目标消费者的注意
2	举办公关活动	公关活动有助于提升酒店的品牌形象和知名度，通过媒体曝光和口碑传播，增强消费者对品牌的认知和好感。酒店常见的公关活动包括新闻发布会、品牌发布会、赞助活动、社会公益活动等
3	社交媒体平台传播	利用微博、微信、抖音、小红书等社交媒体平台定期发布酒店相关内容，如特价活动、房型介绍、优惠套餐等，与用户进行互动，提高品牌曝光度和用户参与度
4	搜索引擎优化	通过优化网站结构、关键词选择、内容创作等方式，提高酒店网站在搜索引擎中的排名，增加流量和曝光，吸引潜在客户访问网站并预订酒店
5	品牌合作与赞助	与其他相关品牌合作，共同开展活动，如与旅行社合作推出旅游行程，与航空公司合作提供机票优惠等，通过资源共享和优势互补，扩大品牌影响力，吸引更多潜在客户
6	媒体宣传	利用国内外媒体对酒店进行正确的定位和推广，如发放新闻稿、接受采访等，提高媒体曝光度，以及酒店的知名度和影响力
7	线上广告投放	通过购买线上广告位，如横幅广告、搜索引擎广告等，将酒店宣传信息展示给目标用户群，精准投放，提高点击量和转化率
8	客户口碑传播	提供优质的客户服务和舒适的住宿环境，提升客户满意度和忠诚度，引导客户进行口碑传播，吸引更多潜在客户

3. **品牌传播的策略**

品牌传播的策略如图 5-6 所示。

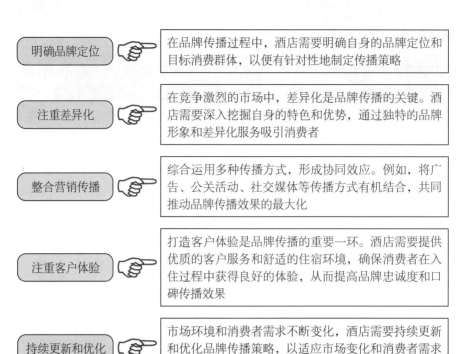

图 5-6　品牌传播的策略

三、品牌合作与联盟

在激烈的酒店业竞争中，品牌合作与联盟成为酒店提升市场地位、扩大影响力、实现资源共享和优势互补的重要策略。

1. 与其他知名品牌建立合作关系，共同推广产品和服务

通过与其他知名品牌合作，酒店可以共享对方的客户资源、营销渠道、技术专利等资源，从而降低营销成本，提高资源利用效率。合作能够帮助酒店快速进入新市场，借助合作伙伴的品牌影响力和市场基础，快速吸引新客户，扩大市场份额。合作双方可以共同研发新产品、新服务，或相互借鉴对方的成功经验，从而提升产品和服务的质量，满足更多元化的市场需求。

合作的方式主要有图 5-7 所示的几种。

联合营销	交叉推广	定制化服务
双方共同策划营销活动，如联合广告、促销套餐、主题活动等，增强市场吸引力，提升品牌形象	在各自的平台上推荐对方的产品和服务，引导客户互相转换，实现客户资源的最大化利用	根据合作双方的品牌特色和客户群体，共同开发定制化产品和服务，满足特定市场的需求

图 5-7　与其他知名品牌合作的方式

比如，某高端酒店与知名奢侈品品牌合作，共同推出限量版客房体验，不仅提升了客房的附加值，还吸引了大量追求品质生活的目标客户群体。

2. 加入酒店联盟或行业协会，提升品牌影响力

加入知名酒店联盟或行业协会，能够借助其良好的口碑和广泛的影响力，提升酒店品牌的知名度和美誉度。联盟或协会内部成员之间可以共享市场信息、客户资源、管理经验等资源，促进彼此之间的学习与交流，实现共同进步。通过参与联盟或协会的活动，酒店可以有机会与行业内的领袖、专家进行交流，了解行业趋势和最新动态，从而增强自身在行业内的影响力和话语权。

加入的方式有图 5-8 所示的两种。

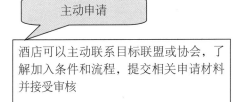
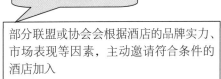

图 5-8　加入酒店联盟或行业协会的方式

许多国际知名的酒店品牌都加入了国际酒店与餐厅协会（IH&RA）等权威机构，通过参与这些组织的活动和交流，不仅提升了自身的品牌形象，还获得了更多的商业机会和发展空间。

四、品牌忠诚度建设——会员制度

酒店会员制度建设是提升客户忠诚度、增强客户黏性的重要手段。一个完善的会员制度能够激励客户频繁入住酒店，并为酒店带来稳定的客源和收入增长。

1. 会员等级划分

酒店可以根据客户的消费金额、入住次数、积分累积等因素，将会员划分为不同的等级。常见的会员等级包括普通会员、银卡会员、金卡会员、白金会员和钻石会员等。每个等级设定明确的晋升标准和相应的权益，以激发客户的升级欲望。

2. 会员权益设计

会员权益设计可以参考表 5-12 所示的内容。

表 5-12 会员权益设计

序号	权益	具体说明
1	住宿优惠	（1）会员在酒店住宿时享受不同等级的折扣优惠，如金卡会员享受七折优惠，白金会员享受六五折优惠等 （2）会员入住客房可享受免费升级、延迟退房等特权
2	餐饮娱乐优惠	（1）会员在酒店内的餐厅、酒吧、健身房等场所消费时享受折扣优惠或积分奖励 （2）为会员提供专属的餐饮套餐或娱乐活动
3	积分兑换	（1）会员在酒店消费可累积积分，积分可用于兑换免费礼品、餐饮券等 （2）积分兑换政策应透明公正，确保会员的权益得到充分保障
4	专属服务	（1）高等级会员可享受专属客服服务、快速入住和退房等便捷服务 （2）部分酒店还为高等级会员提供机场接送、私人管家等增值服务

3. 会员管理策略

① 会员卡发放。酒店应明确会员卡的发放标准和流程，确保会员卡的合法性和有效性。会员卡可以通过前台办理、官网注册等多种方式获得。

② 积分管理。酒店应建立完善的积分管理系统，确保会员积分的准确记录和及时更新。会员可随时查询自己的积分余额和兑换记录。

③ 会员信息管理。酒店应妥善保管会员的个人信息，确保信息的安全性和隐私性。会员信息可用于个性化服务和精准营销。

4. 会员活动举办

酒店可以定期举办会员专属活动，如节日庆典、主题派对、会员日等。活动内容应丰富多样，满足会员的兴趣和需求。

酒店可以通过抽奖、赠送礼品等方式回馈会员的支持和厚爱。回馈活动应公平公正，确保每位会员都有机会获得奖励。

5. 会员制度优化

① 持续评估。酒店应定期对会员制度进行评估和反馈收集，了解会员的需求和满意度。根据评估结果对会员制度进行优化和改进。

② 技术创新。利用互联网和移动技术提升会员服务的便捷性和个性化水平。开发会员 APP 或小程序，提供在线预订、积分查询、活动报名等功能。

③ 跨界合作。与其他品牌或商家进行跨界合作，为会员提供更多元化的服务和优惠。通过跨界合作提升酒店的品牌影响力和市场竞争力。

第六章
酒店客户关系管理

第一节　客户信息收集与分析

酒店管理当中最重要的是维护客户关系，通过提高客人的数量、消费频率和平均房价来提高酒店营业收入。可以说，客户信息的收集和分析，是酒店营销工作的起点，也是酒店营销的基础。

一、客户信息收集

收集客户信息的渠道多种多样，酒店可以根据自身需求和实际情况选择合适的渠道来收集客户信息。以下是一些常见的客户信息收集渠道。

1. 直接沟通渠道

① 前台接待。前台是酒店与客户直接接触的第一线，通过办理客户入住登记，酒店可以收集到客户的基本信息，如姓名、联系方式、证件信息等。

② 客服部门。客服部门通过电话、邮件、在线聊天等方式与客户进行沟通，解答疑问并收集客户的反馈和需求信息。

③ 销售人员。销售人员通过拜访客户、参加展会、商务洽谈等方式，主动与客户建立联系并收集其详细信息。

2. 在线渠道

① 官方网站与在线预订系统。酒店官方网站和在线预订系统是客户自助获取信息和下单的重要渠道，酒店通过这些平台可以收集到客户的预订信息、联系方式、偏好等。

② 社交媒体平台。利用社交媒体平台（如微博、微信、抖音、小红书等）与客户互动，通过关注、点赞、评论和私信等方式收集客户信息。

③ 电子邮件。通过发送订阅消息、优惠活动、会员资讯等，引导客户填写问卷或反馈表单，从而收集其信息。

④ 在线调查问卷。在官方网站、社交媒体平台或预订系统上设置在线调查问卷，邀请客户填写以收集其对酒店服务、产品、环境等方面的意见和建议。

3. 第三方渠道

① 在线旅游平台。如携程旅行、去哪儿旅行、同程旅行等，这些平台提供预订服务并能收集客户信息，酒店可以与这些平台合作以获取客户信息。

② 支付服务商。通过支付宝、微信支付等支付服务商的接口，酒店可以获取客户的支付信息和部分基本信息。

4. 间接渠道

① 合作伙伴。与旅行社、会议组织者等合作伙伴合作，获取他们的客户名单和信息。

② 市场研究与咨询公司。委托市场研究与咨询公司进行市场调研，通过问卷调查、访谈等方式收集目标客户群体的信息。

5. 线下渠道

① 线下反馈。在酒店大堂和客房内设置意见箱、问卷调查表或二维码，鼓励客户填写并提交信息。

② 商务活动与展会。通过参加或举办商务活动、展会等，与潜在客户互动并收集其名片和联系方式。

> **小提示**
>
> 在收集客户信息时，酒店应遵守相关法律法规，确保客户信息的合法性和安全性。同时，应明确告知客户信息的收集目的和使用方式，尊重客户的知情权和选择权。

二、客户信息分析

收集客户信息后，酒店需要对其进行深入的分析，以便更好地理解客户需求、优化服务流程、制定精准营销策略并提升客户满意度。

1. 分析步骤

具体来说，客户信息分析的步骤如图 6-1 所示。

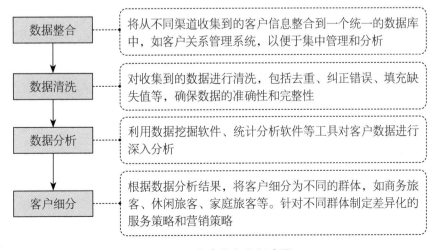

图 6-1　客户信息分析步骤

2. 分析内容

客户信息分析内容主要包括图 6-2 所示的几项。

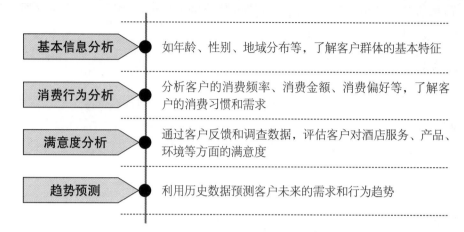

图 6-2　客户信息分析内容

三、客户信息应用

通过前面的客户信息收集、整理和分析，酒店可以更好地了解客户需求，提供定制化的产品和服务。客户信息的具体应用场景如图 6-3 所示。

图 6-3　客户信息应用场景

1. 个性化服务

根据客户的偏好和需求，提供个性化的服务。例如，根据客户的喜好调整房间布置、提供定制化的餐饮选择等。

2. 精准营销

① 制定营销策略。基于客户细分结果，制定针对性的营销策略。例如，向商务旅客

推广商务套餐和会议室预订服务；向休闲旅客推荐周边旅游景点和休闲娱乐活动。

② 优化营销渠道。选择合适的营销渠道和方式，如社交媒体营销、电子邮件营销、短信营销等，将营销信息精准推送给目标客户群体。

3. 客户关系管理

① 建立客户档案，记录客户的基本信息、历史订单、消费偏好、反馈意见等，以便于跟进客户需求和提供优质服务。

② 加强与客户的沟通和互动，定期发送问候信息、优惠活动通知等，增强客户黏性和提高客户忠诚度。

4. 服务优化

根据客户反馈和数据分析结果，不断优化酒店的服务流程和产品设计。例如，改进客房设施、提升餐饮服务质量、优化预订流程等。

5. 风险防控

通过分析客户的消费行为和信用记录等信息，评估客户的信用风险，制定相应的风险防控措施。例如，对于信用记录较差的客户，酒店可要求其支付预付款或提供担保等。

> **小提示**
>
> 酒店在收集、分析和利用客户信息的过程中，必须严格遵守相关法律法规和隐私政策，确保客户数据的隐私和安全。

第二节　客户关系建立与维护

随着市场竞争的加剧，酒店行业越来越重视客户关系的建立与维护。建立和维护良好的客户关系，可以提高客户忠诚度、增加客户价值和促进业务增长。酒店只有通过不断创新和改进，才能赢得客户的信任和支持，为自身的长期发展奠定坚实的基础。

一、了解客户需求

了解客户需求是建立良好客户关系的基础。酒店应该始终将客户需求放在首位，通过深入了解、积极响应和持续创新来建立和维护良好的客户关系，为酒店的长期发展奠定坚实基础。

1. 市场调研

市场调研是获取客户信息的首要步骤，它涉及广泛的数据收集与分析，旨在全面把握目标市场的动态与趋势。具体而言，这一过程包括表 6-1 所示的几个要点。

表 6-1 市场调研的操作要点

序号	操作要点	具体说明
1	确定目标客户群体	明确酒店的服务对象，如商务人士、家庭游客、休闲度假者等，以便更有针对性地开展调研
2	住宿习惯分析	通过问卷调查、访谈、在线数据分析等方式，了解客户在选择酒店时考虑的主要因素，如地理位置、房间设施、服务质量、价格敏感度等
3	消费能力评估	分析目标客户群体的收入水平、消费习惯及支付意愿，为酒店制定定价策略提供依据
4	服务期望探索	深入探究客户对酒店服务的具体期望，如客房清洁度、前台服务态度、早餐质量、无线网络速度等，以便酒店能够精准定位自身服务标准

2. 客户画像

基于市场调研所收集到的丰富数据，构建客户画像是一项关键任务。客户画像是对目标客户群体特征的概括性描述，旨在帮助酒店更好地理解每一位潜在或现有客户的独特需求与偏好。具体操作要点如表 6-2 所示。

表 6-2 客户画像的操作要点

序号	操作要点	具体说明
1	基本信息构建	包括客户的年龄、性别、职业、教育背景等基本信息，这些信息是酒店了解客户基础属性的重要依据
2	消费习惯分析	深入挖掘客户的消费习惯，如预订渠道、入住时间偏好、消费频次等，为酒店制定营销策略提供数据支持
3	喜好与偏好识别	通过数据分析与客户反馈，识别客户的个性化偏好，如房间布局、床品选择、餐饮口味等，为酒店提供个性化服务奠定基础
4	动态更新与调整	客户画像并非一成不变，随着市场环境的变化及客户自身需求的演变，酒店需要定期更新客户画像，以确保服务策略与客户需求保持同步

二、建立有效沟通渠道

在当今信息爆炸的时代，多元化的沟通方式不仅能确保信息传递的及时与准确，还能有效加深酒店与客户之间的情感联系。

1. 多渠道沟通

随着科技的发展，客户的沟通习惯日益多样化，因此，酒店应采用多渠道沟通策略以满足不同客户的需求，具体如图 6-4 所示。

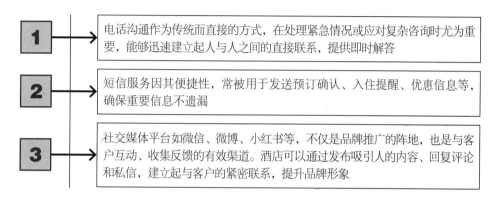

图 6-4　沟通渠道

通过这些多样化的沟通渠道，酒店能够确保信息触达每一个目标客户，增强信息的传播力和影响力。

2. 客户关系管理系统

客户关系管理系统是现代酒店管理的核心工具之一。通过客户关系管理系统，酒店可以系统地收集、存储和分析客户数据，包括个人基本信息、消费记录、偏好设置等，为每位客户建立个性化的档案。这些数据不仅有助于酒店深入了解客户需求，提供定制化服务，还有助于酒店分析客户行为模式，预测未来趋势，优化营销策略。

比如，根据客户的历史消费记录，酒店可以向客户推送个性化的推荐信息，如房间升级、餐饮优惠等，提高客户的复购率和满意度。

同时，客户关系管理系统还能帮助酒店跟踪客户反馈，快速响应问题，优化服务流程，不断提升服务质量。

3. 定期征求反馈

客户反馈是酒店服务质量提升的关键驱动力。为了确保服务的持续改进，酒店应建立定期向客户征求反馈意见的机制。这可以通过问卷调查、整合在线评价、面对面访谈等多种方式实现。在收集到反馈后，酒店应认真分析，识别服务中的亮点与不足，制定针对性的改进措施。对于客户的正面评价，酒店应给予积极回应和感谢，以增强客户的归属感和提高客户的忠诚度；对于改进建议，酒店应视为宝贵的资源，及时调整服务策略，努力超越客户期望。

此外，将客户的反馈作为员工培训和绩效考核的重要依据，也能激发员工的积极性和创造力，共同推动酒店服务质量的不断提升。

三、实施客户关怀策略

客户关怀是维持客户满意度和促进长期合作的重要手段。通过对客户关怀策略的深入了解和有效实施，酒店可以提高客户的忠诚度，增强客户的黏性，从而增加销售额和利润。常见的客户关怀策略有以下几种。

1. 奖励计划

奖励计划是酒店吸引和留住客户的有效策略之一。通过提供积分累积与兑换以及会员折扣等福利，酒店不仅能够激励客户增加消费频次，还能鼓励他们向亲朋好友推荐酒店服务。这种策略不仅有助于提升客户的忠诚度，还能通过口碑传播吸引更多新客户。具体实施方式如表6-3所示。

表6-3 奖励计划的实施方式

序号	实施方式	具体说明
1	积分累积与兑换	建立清晰的积分累积规则，让客户在每次消费时都能获得相应积分。同时，提供多样化的积分兑换选项，如房间升级、免费餐饮、周边景点门票等，以满足客户的不同需求
2	会员折扣	根据客户的消费金额或次数，划分不同的会员等级，并为不同等级的会员提供不同幅度的折扣优惠。这可以激励客户增加消费，同时让他们感受到作为会员的尊贵和特权
3	推荐奖励	鼓励现有客户推荐新客户入住酒店，并为推荐人提供一定的奖励，如积分、优惠券或免费住宿等。这有助于扩大酒店的客户基础，并提升品牌知名度

2. 特殊关怀

在客户生日、重要节日等特殊日子，向客户表达关怀和祝福，是增强客户归属感和提高客户忠诚度的重要方式。这种个性化的关怀能够让客户感受到酒店的用心，从而加深他们与酒店的情感联系。具体实施方式如表6-4所示。

表 6-4　特殊关怀的实施方式

序号	实施方式	具体说明
1	建立客户数据库	完善客户数据库，记录客户的生日、重要纪念日等信息。这有助于酒店及时准确地发送祝福信息
2	个性化祝福	根据客户的个人信息和喜好，定制个性化的祝福内容。例如，在客户生日时发送包含其姓名的生日祝福邮件或短信，并附上酒店为其准备的特别优惠或礼物
3	多渠道发送	除了传统的邮件和短信外，还可以考虑通过社交媒体等渠道发送祝福信息，以增加与客户的互动和联系

3. 快速响应机制

对于客户的投诉和建议，建立快速响应机制至关重要。这不仅能够及时解决客户的问题，还能展现酒店对客户反馈的重视和尊重。快速响应机制有助于维护酒店的良好形象，并提升客户的满意度和忠诚度。具体实施方式如表 6-5 所示。

表 6-5　快速响应机制的实施方式

序号	实施方式	具体说明
1	设立专门团队	组建专门的客户服务团队，负责处理客户的投诉和建议。团队成员应具备强烈的服务意识和解决问题的能力，以确保能够快速响应并满足客户需求
2	明确处理流程	制定明确的投诉和建议处理流程，包括接收、记录、分析、处理、反馈等环节。确保每个环节都有专人负责，并设定合理的处理时限
3	积极沟通	在处理客户投诉和建议的过程中，保持与客户的积极沟通。及时告知客户处理进展和结果，并征询客户的意见和建议。这有助于增强客户的信任感和提高客户的满意度

四、提升客户忠诚度

在竞争激烈的酒店行业中，提升客户忠诚度是确保酒店业务持续增长和市场份额扩大的关键策略之一。通过构建稳固的客户关系，酒店不仅能够吸引回头客，还能借助客户的口碑传播吸引更多新客户。

1. 奖励计划

实施客户奖励计划是提升客户忠诚度的一种高效手段。这种计划通过给予客户实质性的利益，激励他们更频繁地选择酒店服务，并愿意将积极的体验分享给亲朋好友。

2. 增值服务

为常客提供额外的增值服务是提升客户体验和客户忠诚度的另一重要途径。这些增值服务旨在让常客感受到酒店对他们的特别关注和重视。具体实施方式如表 6-6 所示。

表 6-6 增值服务的实施方式

序号	实施方式	具体说明
1	免费升级房型	对于频繁入住的常客,酒店可以根据实际情况为他们提供免费升级房型的服务。这不仅能让常客享受到更舒适的住宿环境,还能让他们感受到酒店的诚意和关怀
2	延迟退房服务	考虑到常客可能因商务或旅行安排需要更灵活的退房时间,酒店可以为常客提供延迟退房服务(在条件允许的情况下)。这一服务能够大大缓解常客的压力,提升他们的满意度和忠诚度
3	个性化服务	了解并记住常客的偏好和习惯,为他们提供个性化的服务体验。例如,在常客入住前布置好他们喜爱的房间布局、准备他们偏爱的饮品或小零食等。这些细致入微的服务能够让常客感受到家的温暖和舒适

五、定期回访客户

酒店应与客户保持联系,了解他们的需求和反馈,及时解决可能出现的问题。通过定期回访的方式,酒店可以与客户建立起长久的信任关系。

1. 客户回访的目的

客户回访的目的如图 6-5 所示。

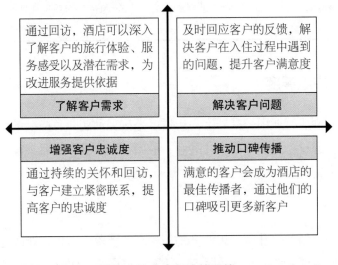

图 6-5 客户回访的目的

2. 客户回访的方式

客户回访的方式主要有表 6-7 所示的几种。

表 6-7 客户回访的方式

序号	方式	优点	操作要点
1	电话回访	直接、高效，能够迅速获取客户反馈	（1）选择合适的回访时间，避免打扰客户 （2）礼貌、专业地与客户沟通，确保信息传递准确 （3）记录客户反馈，及时整理并上报
2	邮件回访	便于保存和查阅，可以附上详细的调查问卷或反馈表	（1）设计简洁明了的邮件模板，确保邮件内容易于阅读 （2）附上反馈链接或调查问卷，方便客户填写 （3）定期检查邮箱，及时回复客户邮件
3	社交媒体平台回访	互动性强，能够迅速扩大品牌影响力	（1）在社交媒体平台上发布回访信息，邀请客户参与 （2）及时回复客户的评论和私信，展现酒店的关怀态度 （3）利用社交媒体平台的数据分析工具，分析客户反馈
4	现场回访	直接面对客户，能够更深入地了解客户需求	（1）安排专人进行现场回访，确保回访的专业性和针对性 （2）准备好回访所需的资料和工具，如调查问卷、礼品等 （3）在回访过程中，注意观察客户的言行举止，捕捉客户的真实需求

3. 客户回访的注意事项

① 在回访前，要明确回访的具体目的，如了解客户对产品或服务的满意度、收集客户意见、推荐新产品或服务等。

② 选择客户方便接听电话的时间进行回访，避免在客户忙碌或休息时段被打扰。一般来说，上午 10:00～11:30，下午 3:30～5:00 是较好的回访时间段。

③ 在回访过程中，要尊重客户的隐私权和选择权，避免过度打扰或泄露客户信息。

④ 无论采用何种回访方式，都要保持专业、礼貌的态度，确保信息传递的准确性和有效性。并使用礼貌用语，如"您好""请问""谢谢"等，保持语气平和、亲切。

第七章
酒店安全管理

第一节　安全管理体系建立

酒店除了要注重"经济"外,安全也同等重要。如果酒店不能给客人安全感,哪怕酒店的价格再低,也吸引不了客人。

一、酒店安全的四个层面

酒店安全是指在酒店所控制的范围内,所有人、财、物的安全,以及所产生的没有危险、不受任何威胁的生理、心理的安全环境。酒店安全包含四个层面的内容,如图7-1所示。

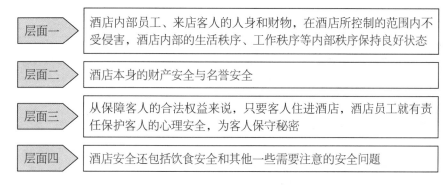

图7-1　酒店安全的四个层面

二、建立安全网络

由于酒店安全管理的复杂性,酒店的安全管理工作除由值班经理和保安人员具体负责外,还应根据酒店的特征,建立有效的安全网络。酒店的安全网络由酒店的各级管理人员和一线员工组成,与保安人员一起完成安全管理工作。

1. 安全组织和安全部门

按照公安部门的要求,酒店为了做好安全管理工作,应建立相应的安全组织与部门。

① 安全组织。安全组织是指酒店成立的安全委员会,它主要由酒店专门负责安全工作的领导、保安部和其他有关部门的负责人组成,其工作主要是全面规划酒店的安全工作,制订与落实酒店安全工作的计划与政策,制定逐级的安全责任制,定期检查各部门的安全工作等。

② 安全部门。安全部门是指酒店安全工作的执行机构,负责日常安全工作的布置、

指导、监督、检查以及对安全事故的处理。

2. 酒店应做的工作

（1）配备安全管理人员

酒店的安全工作是关系到酒店能否正常经营的一项长期且重要的工作，它贯穿于酒店的整个生产服务过程。因此，专职的安全管理人员及安全执行人员在酒店安全部门中是必不可少的。

（2）其他工作

为保证酒店安全工作得到有效管理及执行，酒店还必须为安全部门做好图 7-2 所示的工作。

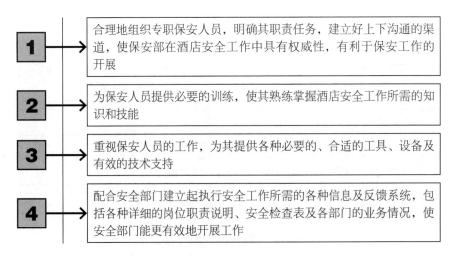

图 7-2　酒店必须为安全部门做的工作

3. 安全部门的任务

（1）酒店内部管理

作为酒店内部的安全管理部门，安全部门除了负责保证酒店的安全，还应协助酒店经营者管理内部事务，监督各岗位员工落实安全工作职责。具体如图 7-3 所示。

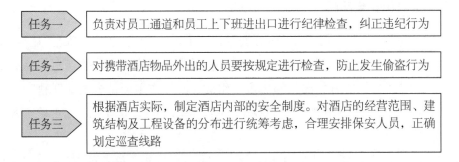

任务四	维护酒店内的工作秩序，制止酒店员工的违章、违纪行为，如在酒店内嬉戏打闹、损坏公物等
任务五	对公共场所要加强管理，注意有无擅离岗位、衣履不整或不佩戴名牌的员工，对于无端串岗的员工或下班后仍逗留酒店的员工要格外注意

图 7-3 酒店安全管理部门的内部管理任务

（2）保安人员管理

根据安全部门的工作性质，保安人员除了遵守酒店的员工守则外，还应该根据保安工作的要求，强化自身的遵规守纪意识。因此，保安人员应遵守图 7-4 所示的规定。

规定一	安全部门应要求保安人员做到律人律己，如保安人员自己违反纪律，一律从严处理
规定二	加强保安人员的日常训练，严格日常管理和内务检查，应有定期的思想政治和业务知识培训
规定三	在日常工作中要自尊自爱，做到廉洁奉公、遵守原则，不得损人利己、损公肥私
规定四	保安人员应服从上级安排，上下同心，通力配合

图 7-4 保安人员应遵守的规定

三、进行安全检查

1. 坚持定期检查

应坚持安全检查工作，查缺补漏，防患于未然。要定期或不定期地对酒店的重要部门进行检查，发现隐患应尽早处理。

2. 制定安全检查工作的检查程序

首先要组织相关力量，明确检查计划、目的、方法和要求；然后深入待检查部门，切实进行细致的检查。检查的结果要记录在册，对于发现的漏洞、隐患和不安全因素，要研究整治措施和改进的办法；对于重大问题，要及时上报，及时解决。

3. 及时总结经验教训

及时总结酒店在安全管理方面的经验教训，对安全工作做得好的部门及个人要进行表扬、奖励，对存在的安全隐患的部门要提出警告；对已发生安全事故的部门，则应依照酒店的安全管理规则进行处理，认真查清事故原因，判明事故性质；对于相关责任人，应酌情给予处分。

四、运用监视系统

为防范可疑的人、事、物，酒店需在公共区域、重要通道及楼层走廊等处装设闭路监控系统，确保酒店人员、财产与设施的安全。

安全监控作业内容包括以下几点。

① 负责执行监控任务，随时查看电视监视器上出现的画面。

② 当画面中出现可疑情况时，先区分相关人员是住客、员工还是其他闲杂人员，并判断其动向，固定该楼层或该区域的摄像机，通知值勤安全人员或向上级报告并前往处理，正确查证可疑情况原委并记录于酒店安全值勤工作记录表内。

③ 录像带由监控员保管，不得外借，不得将观察到的私人行为向外人泄露。

五、安全联防

为加强酒店安全管理，互通实时治安信息，发挥综合力量，弘扬守望相助精神，许多酒店实行安全联防制度。其注意事项如下。

① 当有非常重要的贵宾莅临酒店参加活动时，应事先将活动时间、地点、主办单位、性质及人数等信息告知联防酒店、安全部门及派出所。

② 发生治安事故时，应立即填写酒店安全联防通报（记录）表，并通报联防酒店，以便在必要时获得协助。

③ 接到其他酒店的通报时，应传真至各联防酒店及给本酒店相关部门参考，以防止类似事情发生。

第二节　消防安全与应急处理

酒店为营业场所，除了要做好服务和营造舒适环境外，还得注重酒店的消防安全工作。要知道酒店可是消防安全隐患较多的场所之一，因此，酒店管理者一定要重视酒店的消防安全管理。

一、建立健全消防安全责任制

建立健全消防安全责任制是确保酒店消防安全的基础和关键。这一制度的建立，旨在明确各级、各岗位在消防安全工作中的具体职责，确保消防工作层层有人负责，形成全员参与、共同维护消防安全的良好氛围。

1. 明确消防安全责任人

明确消防安全责任人是建立健全消防安全责任制的核心。酒店应确立消防安全责任人和管理人，他们将对酒店的消防安全工作负总责。消防安全责任人应具备相应的消防安全知识和管理能力，能够制定并执行消防安全管理制度，组织消防安全培训，定期开展消防安全检查，并确保消防设施和设备完好有效。

同时，各级、各岗位的消防安全职责也应得到明确，从管理层到普通员工，每个人都应知道自己的消防安全职责是什么，以及如何在日常工作中落实这些职责。

2. 签订消防安全责任书

签订消防安全责任书是落实消防安全责任制的重要措施，酒店各部门都需签订。这份责任书应详细列出各部门的消防安全职责、工作目标、考核标准等内容，并将消防安全责任落实到具体岗位和个人。通过签订责任书，可以进一步增强各部门和员工的消防安全责任感，促使他们更加积极地履行消防安全职责，共同维护酒店的消防安全。

二、完善消防设施

完善消防设施是酒店消防安全管理的重要环节，它直接关系到火灾的预防和初期扑救效果。

1. 按规范设置消防设施

酒店应按照《建筑设计防火规范》等规范，科学、合理地设置消防设施，主要包括如图 7-5 所示的几个方面。

1	设置合理的防火分隔，以阻止火势的蔓延
2	安装自动报警系统，以便在火灾发生时能够迅速报警
3	配置自动喷水灭火系统，用于初期火灾的扑救
4	安装排烟系统，确保在火灾发生时能够及时排除烟雾，为人员疏散和火灾扑救创造条件

图 7-5 应设置的消防设施

> **小提示**
>
> 自动防火设施的安装和配置，必须符合国家消防法规和标准，确保其能够在火灾发生时发挥应有的作用。

2. 定期检查与维护

定期对消防设施进行检查和维护，是确保其完好有效的关键。酒店应建立消防设施检查和维护制度，明确检查和维护的周期、内容和方法。对于消火栓、消防喷淋系统等关键设施，应确保其完好、能正常使用，并定期进行检查。

同时，酒店还应定期对自动报警系统、自动喷水灭火系统、排烟系统等自动防火设施进行测试和演练，确保其能够在火灾发生时正常启动并发挥作用。

3. 设置明显标志

在酒店内部设置明显的安全出口和疏散指示标志，是确保人员能够快速疏散的重要措施。这些标志应设置在易于被人员发现的位置，如走廊、楼梯口、电梯间等。

同时，标志的设计应符合国家消防法规和标准，确保其清晰、易懂，能够为人员提供明确的疏散指示。在火灾发生时，这些标志将引导人员迅速找到安全出口，并按照疏散指示有序地撤离火灾现场。

三、加强电气线路与厨房安全管理

加强电气线路与厨房安全管理是酒店消防安全管理的另外两个重要方面，对于预防火灾事故的发生具有至关重要的作用。

1. 规范电气线路安装

在电气线路管理方面，酒店必须严格遵守消防安全技术标准，确保电气线路安装规范。这包括使用合适的管材对电气线路进行保护，防止线路裸露在外，避免老化、破损和接触不良等现象的发生。同时，酒店还应定期对电气线路进行检查和维护，及时发现并处理线路老化、超负荷运行等安全隐患，确保电气线路安全可靠。

2. 加强厨房安全管理

对于厨房安全管理，酒店同样不能忽视。厨房是酒店火灾风险较高的区域之一，因此必须加强安全管理，具体措施如图7-6所示。

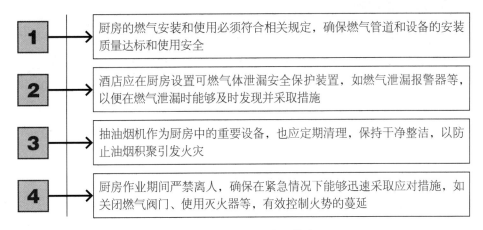

图 7-6 厨房安全管理措施

四、开展日常巡查与检查

开展日常巡查与检查是酒店消防安全管理中的一项常态化、基础性工作，对于及时发现和消除火灾隐患，确保酒店消防安全具有重要意义。

1. 定期巡查

酒店应组织日常巡查，这一工作应由专门的消防安全管理人员或相关部门负责，他们应定期对酒店的各个区域进行巡查，确保消防通道和出口畅通无阻。这是因为在火灾发生时，消防通道和出口是人员疏散和火灾扑救的重要通道，必须保持畅通。

同时，巡查人员还应特别注意，严厉禁止在酒店内吸烟、使用明火等行为。

2. 隐患排查与整改

酒店应定期进行全面的消防安全隐患排查。排查工作应涵盖酒店的各个区域，包括消防设施设备、消防通道、安全出口、电气设备等。排查的目的是发现可能存在的消防安全隐患，如消防设施设备的损坏、消防通道的堵塞、电器设备的老化等。对于排查出的消防安全隐患，酒店应立即进行整改，并制定相应的整改措施和计划。在整改过程中，酒店应跟踪整改情况，确保整改工作到位，隐患得到彻底消除。

五、加强消防安全培训与演练

加强消防安全培训与演练是提升酒店整体消防安全管理水平的关键环节。通过系统的培训和实战演练，酒店可以确保员工在面对火灾等紧急情况时，具备必要的自救逃生能力且能采取有效的应急响应措施。

1. 开展消防安全培训

酒店应定期对员工进行消防安全知识培训，内容涵盖火灾的应急逃生知识、灭火器的正确使用方法、火灾报警程序等。这些培训旨在增强员工的消防安全意识，使他们了解火灾的危害性，掌握基本的防火、灭火和逃生技能。通过培训，员工将能够更好地应对火灾等紧急情况，保护自己和他人的安全。

2. 组织消防演练

酒店应定期组织消防演练活动，模拟真实的火灾场景，让员工在实际操作中熟悉疏散逃生路线、掌握消防器材的使用方法和火灾扑救技巧。通过演练，酒店可以检验员工在火灾等紧急情况下的应对能力，及时发现消防预案中存在的问题，并进行相应的整改和完善。

六、制定消防安全管理制度与应急预案

消防安全管理制度与应急预案是酒店消防安全管理体系的核心，它们为酒店的消防安全工作提供了明确的指导方针和行动准则，确保在火灾等紧急情况下，酒店能够迅速、有效地应对。

1. 制定消防安全管理制度

消防安全管理制度应明确规定各级管理人员和员工的消防安全责任，确保每个人都清楚自己在消防安全工作中的角色和职责。同时，制度还应详细规定消防安全管理的各项要求，包括消防设施设备的维护保养、消防通道和出口的畅通管理、消防宣传教育的开展等。这些要求旨在构建一个全面的消防安全管理体系，确保酒店的消防安全工作得到全面落实。

2. 制定应急预案

应急预案应详细规定火灾发生时各级、各岗位人员的应急职责和处置程序，确保其在火灾发生时能够迅速、有序地组织疏散和扑救工作。预案中应明确指挥调度、通信联络、人员疏散、灭火救援等各个环节的具体操作步骤和注意事项，以便在火灾发生时能够迅速响应、有效应对。此外，酒店还应定期进行消防演练，以检验应急预案的可行性和适应性，并根据实际情况进行调整和完善。

七、火灾应急处理流程

酒店火灾应急处理流程能确保在火灾发生时，酒店能够迅速、有序地采取行动，以最

大程度地减少人员伤亡和财产损失。

一般来说，火灾应急处理流程如图 7-7 所示。

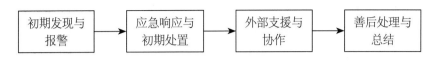

图 7-7　火灾应急处理流程

1. 初期发现与报警

① 发现火情。当酒店员工发现火情时，应立即观察火势大小和火源位置，判断是否能够自行扑灭。若火势较小且易于控制，应立即使用附近的灭火器材进行初期扑救，并报告给消防监控中心或安全部门。

② 报警。若火势无法控制或火源位置不明确，应立即拨打酒店内部报警电话或直接按下火灾报警按钮。报警时要清晰、准确地说明火灾发生的地点、火势大小、燃烧物质以及是否有人员被困等信息。同时，应迅速通知附近的同事或客人，提醒他们注意安全并尽快撤离。

2. 应急响应与初期处置

应急响应与初期处置步骤如图 7-8 所示。

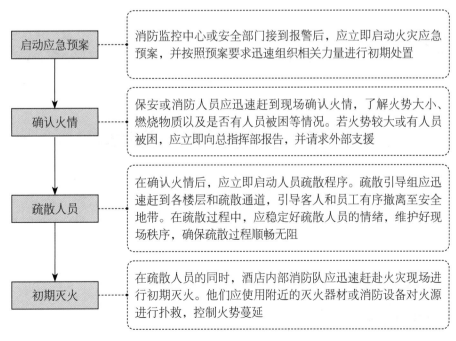

图 7-8　应急响应与初期处置步骤

3. 外部支援与协作

① 拨打119报警。若火势无法控制或需要外部支援时，应立即拨打"119"向当地消防部门报警。报警时要详细说明火灾发生的地点、火势大小、燃烧物质以及是否有人员被困等情况。

② 配合消防部门救援。在消防部门到达后，酒店应积极配合他们开展灭火救援工作。提供必要的支持和协助，如指引消防车辆进入火场、提供灭火器材和消防水源等。

4. 善后处理与总结

善后处理与总结的工作事项如图7-9所示。

图7-9 善后处理与总结的工作事项

通过实施以上流程，酒店可以迅速、有序地应对火灾等紧急情况，最大程度地减少人员伤亡和财产损失。同时，酒店还应加强日常消防安全管理和培训工作，提高员工的消防安全意识和自救能力。

第三节 食品安全与卫生管理

酒店作为提供住宿和餐饮服务的场所，做好食品安全与卫生管理是其重要的职责和义务之一。有效的食品安全与卫生管理不仅关系到客人的健康和安全，也是酒店吸引并留住客人、提升品牌形象的关键因素。

一、原料采购与储存管理

1. 原料采购管理

在原料采购管理方面，酒店可采取表7-1所示的措施。

表 7-1　原料采购管理措施

序号	措施	具体说明
1	供应商选择与评估	（1）酒店在选择食品原料供应商时，应对供应商进行全面而严格的评估。这包括供应商资质审查（如营业执照、食品经营许可证等）、过往业绩考察、产品质量稳定性评估以及市场口碑调查 （2）与确立长期合作关系的供应商签订正式合同，合同中应明确双方的权利与义务，包括原料的质量标准、交货时间、价格机制以及违约责任等
2	建立原料追溯体系	（1）为了确保原料来源的可追溯性，酒店应建立原料追溯体系。这要求每批原料都有明确的标识（上面有批次号、生产日期、保质期等），并能通过这些标识追溯到具体的供应商和生产地 （2）在采购过程中，酒店应详细记录原料的采购信息，包括供应商名称、采购数量、采购日期、原料批次号等，以便在需要时进行追溯
3	加强原料质量检验	（1）酒店应设立专门的原料质量检验环节，对每批到货的原料进行严格的质量检验。检验内容包括外观、气味、口感、理化指标以及微生物指标等多个方面 （2）对于不符合质量标准的原料，酒店应坚决拒收，并记录在案，以便后续与供应商沟通解决
4	文件与记录管理	酒店应建立完善的文件与记录管理制度，对所有与原料采购相关的文件与记录进行妥善保存。这些文件与记录包括但不限于供应商评估报告、采购合同、原料检验报告、采购入库单等。借助这些文件与记录，酒店可以实现对原料采购全过程的追溯与监控，确保原料的质量与安全

2. 食品储存管理

在食品储存管理方面，酒店可采取表 7-2 所示的措施。

表 7-2　食品储存管理措施

序号	措施	具体说明
1	储存环境控制	（1）酒店应建立科学合理的食品储存环境控制制度。对于不同类型的食品原料，应根据其特性选择合适的储存方式和环境条件。例如，易腐食品应存放在低温环境中，以避免细菌滋生和腐败变质 （2）食品原料储存区应保持干燥、通风、清洁，并定期进行消毒处理。同时，应控制储存区的温度、湿度等参数，确保食品在储存过程中保持其原有的品质与安全性

续表

序号	措施	具体说明
2	运输过程管理	（1）在食品原料运输过程中，酒店应采取必要的防潮、防尘、防污染等措施。例如，使用密封性良好的运输工具、保持运输工具的清洁与卫生、避免与有毒有害物质混装等 （2）对于需要冷藏或冷冻的食品原料，在运输过程中应确保其温度符合相关标准。同时，应定期对运输工具进行维护与保养，确保其能正常运行并满足食品运输的需求
3	库存管理	（1）酒店应建立科学的库存管理制度，对食品原料的库存量进行实时监控与管理。通过合理的库存控制策略，避免原料的积压与浪费，并确保在需要时能够及时补充原料 （2）在实施库存管理过程中，酒店应定期对库存原料进行盘点与检查，确保原料的数量、质量以及保质期等信息准确无误。对于过期或变质的原料，应及时处理并记录在案

二、食品加工与操作管理

1. 加工场所卫生要求

食品加工场所应达到图7-10所示的卫生要求。

1　墙壁、天花板、地面应平整光滑，无裂缝、无破损，易于清洁和消毒

2　排水系统应保持通畅，排水口应设有防鼠、防虫设施

3　加工场所应保持良好通风，空气流向应从清洁区流向非清洁区

4　加工场所应设有足够的照明设施，光线充足、分布均匀，不改变食品颜色

图7-10　食品加工场所卫生要求

2. 加工设备设施使用与维护

① 食品加工设备应由耐腐蚀、易清洗、不易积垢的材料制成。

② 设备与器具应定期清洗、消毒，保持清洁卫生。

③ 应定期进行设备维护，确保设备正常运转，防止润滑油等污染物泄漏。

④ 设备的安装、调试、维修应由专业人员进行，确保设备安全、稳定、可靠。

3. 加工过程中的微生物控制

① 食品加工过程中应严格控制微生物污染，采取有效的消毒、杀菌措施。
② 加工人员应保持良好的个人卫生习惯，穿戴整洁的工作衣帽，勤洗手、消毒。
③ 加工过程中应避免食品与有毒有害物质接触，防止交叉污染。
④ 对于易腐败变质的食品，应采取适当的保鲜措施，控制食品温度、湿度等条件。

三、餐具清洗与消毒管理

在酒店运营中，清洗与消毒管理是确保食品安全与卫生不可或缺的一环。它直接关系到客人的健康体验和客人对酒店服务质量的评价。

1. 餐具清洗

（1）清洗流程

酒店应制定严格的餐具清洗流程，确保每一套餐具在使用前都经过彻底的清洗和消毒。首先，餐具在使用后应立即被收集到指定的收集区域，避免长时间暴露在空气中增加污染风险。随后，餐具被送入专门的清洗间，使用流动水和专用洗涤剂进行初步清洗，去除食物残渣和油污。在清洗过程中，必须使用专用的洗刷工具和水池，这些工具和水池仅用于餐具清洗，严禁用于清洗蔬菜、肉类、鱼类等其他用途，以防止交叉污染。

（2）消毒处理

清洗后的餐具需进行彻底的消毒处理。消毒方法可以根据酒店实际情况选择，常见的有热力消毒（如蒸汽消毒、煮沸消毒）和化学消毒（如使用含氯消毒剂浸泡）。无论采用哪种消毒方式，都必须确保消毒效果符合国家有关卫生标准。消毒后的餐具应沥干水分，避免残留的水渍成为细菌滋生的温床。

（3）存放与标识

消毒后的餐具应存放在专用的餐具保洁柜内备用。保洁柜应保持干燥、通风、清洁，并定期进行消毒处理。已消毒和未消毒的餐具应分开存放，避免混淆。在餐具存放处应设置明显的标记或标签，以便工作人员和客人能够清晰区分。

2. 环境消毒

（1）厨房消毒

厨房是食品加工的核心区域，其卫生状况直接关系到食品的安全与品质。酒店应定期对厨房进行全面消毒处理，包括地面、墙面、天花板、工作台、设备、器具等各个角落和表面。消毒过程中应使用符合食品安全要求的消毒剂，并按照说明书正确使用。同时，厨房应保持良好的通风条件，减少油烟和异味的积聚。

（2）餐厅消毒

餐厅是客人用餐的场所，其清洁与卫生直接关系到客人的用餐体验和满意度。酒店应定期对餐厅进行彻底清洁和消毒处理，包括餐桌、餐椅、地面、墙面、餐具柜等各个区域和设施。特别是在用餐高峰期结束后，应及时清理餐桌上的餐具和垃圾，并对桌面进行擦拭和消毒处理。此外，餐厅内还应设置足够的垃圾桶和垃圾袋，确保垃圾能够及时清理和处置。

（3）日常清洁与维护

除了定期的全面消毒处理外，酒店还应加强日常清洁与维护工作。例如，定期更换清洗毛巾和清洁布、保持地面干燥无积水、及时清理垃圾和杂物等。这些措施有助于减少细菌滋生和传播的风险，为客人提供更加安全、舒适的用餐环境。

四、废弃物处理与卫生检查

在酒店运营中，废弃物处理与清洁管理是两个至关重要的环节，它们直接关系到酒店的卫生状况、客人的健康体验以及环境保护责任。

1. 废弃物处理

（1）废弃物分类

酒店应建立废弃物分类制度，将不同类型的废弃物进行分类收集和处理。一般来说，酒店废弃物可以分为可回收物（如包装纸、塑料瓶、玻璃瓶等）、有害垃圾（如废电池、废荧光灯管等）、湿垃圾（如食品残渣、果皮等）和干垃圾（如纸巾、塑料袋等）。通过分类收集，可以更有效地进行资源回收和减少环境污染。

（2）废弃物处理流程

废弃物处理流程如图7-11所示。

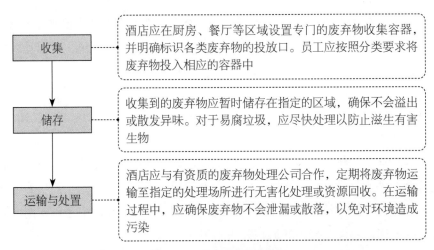

图7-11　废弃物处理流程

酒店应特别关注废弃物处理过程中可能滋生的有害生物（如老鼠、蟑螂等）。除了及时清理废弃物外，还应采取物理隔离、化学防治等措施来预防和控制有害生物的滋生。

2. 卫生检查

为了确保清洁卫生工作的有效进行，酒店应建立卫生检查与监督制度。管理人员应定期对厨房、餐厅等区域进行卫生检查，发现问题及时整改。同时，酒店还可以邀请第三方机构进行卫生检测和评估，以不断提升自身的卫生管理水平。

五、从业人员培训与健康管理

1. 人员培训

在食品加工行业中，人员培训是确保食品安全与卫生的基石。培训主要内容如图7-12所示。

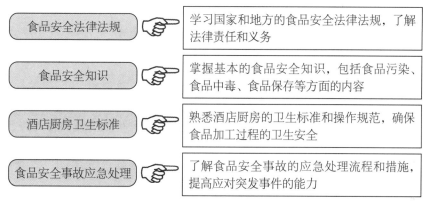

图7-12　食品加工人员培训内容

通过培训，食品加工人员能够掌握必要的食品安全知识、操作规范以及应对突发事件的能力，从而有效降低食品安全风险。

2. 健康管理

为确保食品加工人员的身体健康状况符合食品安全要求，酒店应要求所有食品加工人员持有合格的健康证明。同时，酒店应组织定期的体检和卫生知识考核，以确保他们没有传染病或其他可能影响食品安全的健康问题，发现员工患有有碍食品安全的疾病时，及时调整其工作岗位或让其离岗治疗。

> **小提示**
>
> 酒店应注意员工健康证的有效期，提醒员工及时办理更新手续，避免证件过期带来的风险。同时，要妥善保存从业人员的健康证明材料，以备相关部门查验。

3. 卫生习惯培养

酒店可从图 7-13 所示的几个方面来培养从业人员的卫生习惯。

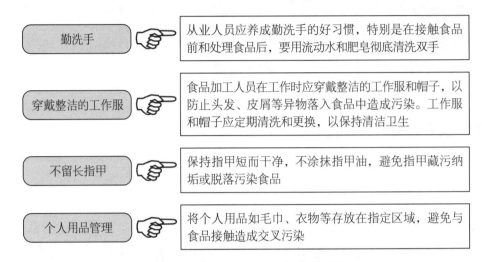

图 7-13 从业人员卫生习惯培养措施

六、监督与检查

在酒店运营中，监督与检查是确保食品安全与卫生管理得到有效执行的关键环节。通过内部和外部的双重监督机制，酒店可以不断提升自身的食品安全与卫生管理水平，为客人提供更加安全、放心的服务。

1. 内部监督

内部监督可以从表 7-3 所示的几个方面来进行。

表 7-3 内部监督措施

序号	措施	具体说明
1	建立完善的内部管理机制	酒店应建立一套完善的内部管理机制，明确各级管理人员在食品安全与卫生管理方面的职责和权限。这包括制定详细的食品安全与卫生管理制度、操作规范以及应急预案等，确保各项工作有章可循、有据可查
2	设立食品安全管理部门	为了加强食品安全与卫生管理的专业性和系统性，酒店可以设立专门的食品安全与卫生管理部门或岗位。该部门或岗位负责监督食品安全与卫生管理制度的执行情况，协调解决食品安全与卫生问题，以及组织食品安全与卫生培训等工作。通过专业化的管理，酒店可以更加高效地应对食品安全风险

续表

序号	措施	具体说明
3	提高监测频率	酒店应提高对食品安全与卫生管理工作的监测频率，确保各项制度和规范得到有效执行。这包括定期对厨房、餐厅等区域的卫生状况进行检查，对食品原料的采购、储存、加工等环节进行监控，以及对餐具、设备等物品的清洗消毒情况进行抽查等。通过高频次的监测，酒店可以及时发现并纠正存在的问题，防止食品安全事故的发生
4	制定奖惩制度	为了激励员工积极参与食品安全与卫生管理工作，酒店可以制定奖惩制度。对于在食品安全与卫生管理工作中表现突出的员工给予表彰和奖励；对于违反食品安全与卫生管理制度的员工则进行相应的处罚。通过奖惩制度的实施，酒店可以形成良好的工作氛围和激励机制，促进食品安全与卫生管理工作的持续改进

2. 外部监督

外部监督可以从表 7-4 所示的几个方面进行。

表 7-4　外部监督措施

序号	措施	具体说明
1	与食品安全监管机构合作	酒店应积极与当地的食品安全与卫生监管机构建立合作关系，共同制定食品安全与卫生管理规范。通过与监管机构的合作，酒店可以及时了解最新的食品安全法律法规和政策要求，确保自身的食品安全与卫生管理工作符合国家和地方的标准要求。同时，酒店还可以借助监管机构的权威性和专业性，提升自身的食品安全与卫生管理水平
2	与专业团体合作	酒店可以与相关的专业团体（如餐饮协会、食品安全研究机构等）建立合作关系，分享最佳实践经验和技术成果。通过与专业团体合作，酒店可以学习到更多先进的食品安全与卫生管理理念和方法，提升自身的食品安全管理能力。同时，酒店还可以借助专业团体的资源和平台，扩大自身的知名度和影响力，吸引更多的客人前来就餐
3	接受社会监督	酒店应积极接受社会的监督，这包括公开食品安全与卫生管理信息、接受客人和媒体的监督等。通过公开透明的管理方式，酒店可以赢得客人的信任和支持，提升自身的品牌形象和竞争力。同时，酒店还可以及时收集和处理客人和媒体的反馈意见，不断改进自身的食品安全与卫生管理工作

第四节　客房安全与隐私保护

客房安全是影响客人选择酒店时的重点考虑因素。处理安全隐患事故是酒店经营管理工作的重中之重，它贯穿于酒店的方方面面，酒店经营者、管理者、服务人员必须抓好安全工作，认识到安全管理工作的重要性，努力学习安全管理知识，共同承担保障客人权益不受侵犯的责任。

一、制定安全管理制度

1. 规章制度的建立

建立健全各种与客房安全相关的规章制度是确保客房安全的基础。这些规章制度包括但不限于《客房安全管理制度》《消防安全管理制度》等。这些制度应明确客房内各类设施设备的使用规范、安全检查的频率与标准、安全隐患的识别与报告流程等。

比如：《客房安全管理制度》可以详细规定使用客房内电器设备的注意事项、门窗锁具的定期检查要求以及紧急疏散路线的标识与维护等；《消防安全管理制度》则应涵盖客房内消防设施的配备标准、消防演练的组织与实施，以及员工对火灾报警及初期火灾扑救的知识掌握等。

2. 应急预案的制定

针对可能发生的突发事件，制定完善的应急预案是酒店客房安全管理中的重要一环。这些预案应覆盖火灾、自然灾害（如地震、洪水）、恐怖袭击等多种紧急情况。预案中应明确应急响应的组织架构、各级人员的职责分工、应急通信与联络方式、紧急疏散路线与集合点，以及必要的物资储备与调配机制等。通过定期组织应急演练，确保员工在紧急情况下能够迅速、准确地按照预案行动，最大限度地减少人员伤亡和财产损失。

3. 规范操作程序

制定详细的操作程序是确保员工在具体操作中严格遵守制度、避免安全事故的关键。针对客房服务过程中的各个环节，如客房清洁、物品更换、访客登记等，都应制定详细的操作程序。这些程序应明确操作步骤、注意事项以及异常情况的处理方法。

比如：客房清洁程序可以规定清洁人员在进入房间前的敲门确认步骤、使用清洁剂时的安全防护措施以及发现可疑物品时的报告流程等；访客登记程序则应强调对访客身份的有效核实、登记信息的准确无误以及访客在房间内的行为规范等。

4.建立安全责任制

将客房安全管理责任明确到个人是形成全员参与安全管理氛围的关键。从管理层到基层员工，每个人都应承担相应的安全管理责任。通过签订安全责任书、明确岗位安全职责以及建立安全考核与奖惩机制等方式，确保安全管理责任层层落实、不留死角。

同时，加强员工的安全意识教育和技能培训，提高员工对安全管理的认识和重视程度，形成人人关心安全、人人参与安全管理的良好氛围。

二、完善设施设备

通过完善设施设备来确保客房的安全，是提升客人满意度和保障酒店声誉的重要措施。酒店可以采取表7-5所示的措施来完善设施设备。

表7-5 完善设施设备的措施

序号	措施	具体说明
1	选用高质量的门锁系统	（1）确保客房门锁具备高强度、防撬、防技术开锁等功能，以保护客人的隐私和安全 （2）采用先进的电子门锁系统，如带有自动破坏解码器装置的电子锁，以防止犯罪分子使用解码器非法开锁
2	加强窗户安全防护	（1）确保客房窗户有严密的防护措施，如安装坚固的防护栏或防护网，防止潜在入侵者通过窗户进入客房 （2）设置窗户限位器，限制窗户开启的幅度，避免窗户被完全打开成为安全隐患
3	安装安全监控和报警系统	（1）在公共区域和客房楼层安装高清监控摄像头，实现对客房区域的全面监控和记录 （2）安装烟雾探测器、防盗报警器等设备，一旦发生火情或异常情况，能及时发出警报并通知相关人员
4	配备应急设施和疏散指示	（1）为客房配备紧急呼叫按钮或电话，确保客人在紧急情况下能迅速联系到酒店工作人员 （2）在客房门后或显眼位置张贴安全疏散图，指导客人在紧急情况下如何逃生 （3）在客房内配备灭火器，并提供详细的操作指南，帮助客人在火灾初期进行自救
5	提供保险箱等贵重物品存放设施	为客人提供可靠的保险箱，供其存放贵重物品，如现金、珠宝等，以防失窃

续表

序号	措施	具体说明
6	加强门卡管理	（1）采用智能门卡系统，确保只有经过授权的员工和客人才能使用门卡进入客房区域 （2）建立严格的门卡管理制度，包括门卡的发放、回收、注销等环节，防止门卡被非法复制或使用
7	安全门链	为客房提供安全门链，供客人在需要时使用，以增加客房内的安全性

> **小提示**
>
> 酒店应定期对客房设施设备进行维护和保养，确保其处于良好状态，避免因设施设备损坏而导致的安全隐患。

三、加强安全管理巡查

在酒店客房安全管理范畴中，加强安全管理巡查作为一项核心策略，对预防安全风险、确保客人与员工安全具有不可替代的作用。

1. 巡查制度的建立健全

建立全面而细致的安全管理巡查制度是酒店客房安全管理的基础。这一制度应覆盖多个层级和时段，确保酒店各个角落，特别是客房区域，得到持续、有效的监控。具体而言，巡查制度应包含表7-6所示的内容。

表7-6 巡查制度应包含的内容

序号	内容	具体说明
1	保安员例行巡查	保安员作为酒店安全的第一道防线，需按照既定路线和时间表，对公共区域、客房楼层等进行定时巡查，记录并报告任何异常情况
2	客房各级管理人员日常巡查	客房部经理、主管及领班等管理人员，在日常工作中需对所辖区域进行定期巡查，不仅要关注客房的整洁度和服务质量，更要细心检查安全设施是否完好、安全出口是否畅通无阻，确保客房环境的安全与舒适
3	夜班员工和领班巡查	考虑到夜间是安全事故易发时段，夜班员工和领班需加强巡查力度，特别关注夜间入住和退房客人的安全需求，及时响应并处理夜间可能发生的紧急情况

2. 异常情况的及时发现与处理

巡查的核心目的在于及时发现并排除安全隐患，避免安全事故的发生。在巡查过程中，一旦发现异常情况，如陌生人在楼层徘徊、房间内有异常声响或烟雾、消防设施被遮挡或损坏等，巡查人员应立即采取表 7-7 所示的措施。

表 7-7　异常情况处理措施

序号	措施	具体说明
1	迅速汇报	第一时间通过内部通信系统向前台、保安部门或值班经理报告异常情况，详细说明异常情况的发生地点、时间、性质及已采取的措施
2	现场处理	在确保自身安全的前提下，巡查人员应尽可能控制现场，防止事态扩大。例如，对于陌生人在楼层停留，可礼貌询问其身份和目的，必要时请其离开或通知保安人员处理；对于房间内的异常声响，可尝试与客人联系确认情况，必要时破门而入进行救助
3	记录与跟进	对每次巡查中发现的异常情况及处理过程进行详细记录，为后续的安全分析和处理措施改进提供依据。同时，持续跟进未解决的问题，直至彻底解决

3. 巡查效果的持续改进

为了确保巡查制度的有效性和针对性，酒店还应建立巡查效果评估与反馈机制。通过定期收集巡查记录、听取员工和客人的反馈意见，分析巡查过程中存在的问题和不足，及时调整巡查策略和方法，提升巡查效率和质量。此外，还可以引入先进的科技手段，如智能监控系统、电子巡查系统等，辅助人工巡查，进一步提高酒店客房安全管理的智能化水平。

四、加强安全培训与演练

在酒店客房安全管理的框架下，加强安全培训与演练是一个至关重要的环节，它直接关系到员工在面对紧急情况时能否迅速、有效地采取行动，以及客人对酒店安全措施的信任度和满意度。

1. 安全宣传活动

定期组织安全宣传活动是增强全员安全意识的有效途径。酒店可以通过举办安全知识讲座、张贴安全宣传海报、播放安全教育视频等多种形式，向员工和客人普及安全知识。特别是在客房区域，可以设置醒目的安全提示牌，提醒客人注意防火、防盗等安全事项。

同时，酒店还可以利用宾客手册或入住指南，详细介绍客房内的安全设施使用方法及发生紧急情况时的应对措施，以增强客人的自我保护能力。

2. 定期安全培训

定期组织员工参加安全培训是提升员工安全意识和应急处理能力的关键。培训内容应涵盖消防知识、应急疏散、反恐防暴以及客房安全管理等多个方面。

针对客房安全管理，培训应聚焦于客房清洁与检查时的安全操作规程、客人隐私保护原则、紧急情况下的沟通汇报流程等。通过系统化的培训，使员工能够熟练掌握各类安全知识和技能，为客人提供更加安全、舒适的住宿环境。

3. 应急演练

定期组织员工进行应急演练是检验培训效果、提升员工应急处置能力的重要手段。演练内容应贴近酒店客房安全管理的实际情况，包括火灾疏散、恐怖袭击应对、客人突发疾病救治等多种场景。通过模拟真实的紧急情况，让员工在演练中熟悉应急流程、掌握应急处置技能，提高他们在突发事件中的应对能力和心理素质。

同时，演练后还应及时总结经验教训，对演练中发现的问题进行整改和优化，以持续提升客房安全管理水平。

五、建立跨部门协作机制

客房安全管理需要客房部与保安部、工程部、采购部等多个部门密切配合，因此需要建立跨部门协作机制，以确保各项安全措施得以顺利实施，各部门形成合力，共同维护客房区域的安全与稳定。

1. 与保安部紧密协作

与保安部保持密切沟通协作是客房部实施客房安全管理不可或缺的一部分。保安部作为酒店安全管理的核心部门，拥有专业的安全监控技术和应急处理能力。通过闭路监控系统，保安部能够全天候、全方位地监控客房楼层及公共区域，及时发现并处理异常情况，如可疑人员徘徊、火灾等。同时，保安部还能在紧急情况下迅速响应，组织疏散、灭火等应急行动，为客房安全提供坚实的保障。

客房部应与保安部建立定期沟通机制，共享安全信息，协同制定安全预案，共同提升客房区域的安全防范水平。

2. 与工程部紧密配合

客房部与工程部配合做好各类设施设备的检修工作是确保客房设施设备正常运行和维

持安全性的关键。客房内的电器设备、消防设施、门锁系统等都是保障客人安全的重要元素。工程部负责这些设施设备的定期检查、维护和修理工作,确保其处于良好状态,避免因设备故障而引发安全事故。

客房部门应与工程部保持密切联系,及时反馈设施设备的使用情况和存在的问题,协助工程部制订维修计划,确保维修工作及时、高效地完成。

> **小提示**
>
> 客房部门应加强对员工的安全培训,提高他们对安全使用设施设备的认识和操作技能,减少因人为操作不当导致的安全事故。

3. 与采购部协同合作

采购部为完善设备提供后勤保障,是确保客房安全管理所需设备和物资得到及时补充和更新的重要部门。随着科技的进步和安全管理要求的提高,客房安全管理所需的设备和物资也在不断更新换代。采购部应根据客房部的需求和安全管理标准,及时采购符合要求的设备和物资,如先进的消防器材、智能门锁系统、安全监控设备等。同时,采购部还应关注市场动态,了解新技术、新产品的应用情况,为客房安全管理提供技术支持和物资保障。

客房部门应与采购部保持密切沟通,共同制订采购计划,确保所需设备和物资及时到位,为客房安全管理提供坚实的物质基础。

六、保护客人隐私安全

酒店作为提供住宿服务的场所,应当严格保护客人的隐私权。对此,酒店可以从多个方面采取措施,这些措施涵盖了物理设施保障、技术手段应用、管理制度建设等多个层面。

1. 物理设施保障

物理设施保障措施如表 7-8 所示。

表 7-8 物理设施保障措施

序号	措施	具体说明
1	安装安全锁并配备隐私标识	在客房门上安装高安全性的门锁,并配备明显的"请勿打扰"标识,确保只有客人自己或授权人员可以进入房间。这些设施不仅提升了客房的安全性,也体现了对客人隐私的尊重

续表

序号	措施	具体说明
2	定期检查与维护	酒店应定期对客房门锁、窗户、阳台门等物理设施进行检查和维护，确保其能正常使用和具备防盗防窥探性能
3	公共区域安装监控	在公共区域如走廊、大堂等安装监控摄像头，但应确保不对客房内部进行监控，以平衡安全管理与隐私保护的需求

2. 技术手段应用

① 提供加密的 Wi-Fi 网络，防止客人的个人信息在公共网络上被窃取。同时，明确告知客人网络安全风险，并建议他们在传输敏感信息时使用安全的方式。

② 采用智能门禁系统，通过房卡或指纹等方式进行身份验证，提高客房入口的安全性。

③ 为客人提供隐私保护软件或应用，帮助他们在使用酒店设备时避免个人信息泄露。

3. 管理制度建设

① 酒店应制定明确的隐私保护政策，并将其纳入员工培训和考核体系中。政策内容应包括客人隐私信息的收集、使用、存储和销毁等各个环节的规定。

② 对全体员工进行隐私保护培训，强调保护客人隐私的重要性，并明确告知员工在哪些情况下可以访问客人信息以及如何处理这些信息。

③ 建立健全的投诉处理机制，对客人关于隐私侵犯的投诉进行及时、有效的处理，并采取必要的补救措施。

4. 其他措施

① 在客人入住时，借助欢迎信、提示卡等工具告知客人如何保护自己的隐私，并提供相关建议和注意事项。

② 定期对客房进行彻底清洁和检查，确保没有遗留的窥探设备或物品，保障客人隐私安全。

③ 在日常服务中，酒店员工应尊重客人的隐私，避免在不必要的情况下打扰客人或询问私人问题。

第八章
酒店危机管理

第一节　危机识别与预警

酒店的危机管理是指酒店通过对危机的监测、防范和处理，避免或减少危机产生的危害，甚至将"危"转化为"机"的管理过程。危机管理的对象是危机。通过危机识别与预警机制，酒店能够提前发现并应对潜在的危机，从而避免或减少危机事件的发生。

一、酒店危机的类型

酒店危机类型多种多样，这些危机可能源自内部运营问题，也可能由外部环境因素引发。

1. 内部危机

酒店常见的内部危机类型如表 8-1 所示。

表 8-1　酒店常见的内部危机类型

序号	类型	具体说明
1	员工管理危机	（1）酒店行业竞争激烈，员工流动性大，影响服务质量和运营稳定性 （2）酒店对员工薪酬、福利、工作环境等问题处理不当，可能引起员工不满甚至罢工
2	服务质量危机	（1）员工服务态度冷漠、业务能力不足，导致客户投诉 （2）客房清洁不彻底，存在卫生死角，影响客户体验
3	安全危机	（1）餐饮制作环节操作不当，导致食物中毒事件发生 （2）火灾、触电、滑倒摔伤等安全隐患，威胁客人和员工的安全
4	财务管理危机	（1）由于经营不善或市场变化，酒店资金链紧张甚至断裂 （2）内部人员利用职务之便进行财务欺诈，损害酒店利益
5	品牌形象危机	（1）酒店服务质量差、卫生不达标等负面事件被曝光，损害酒店品牌形象 （2）网络上关于酒店的负面评价，影响客户对酒店的信任度和忠诚度

2. 外部危机

酒店常见的外部危机类型如表 8-2 所示。

表 8-2　酒店常见的外部危机类型

序号	类型	具体说明
1	自然灾害危机	（1）地震、洪水、台风等自然灾害对酒店设施造成破坏，影响其正常运营 （2）暴雪、极端高温等极端天气，增加酒店运营难度和成本
2	政治经济危机	（1）地区政治局势不稳定，可能影响酒店的安全和正常运营 （2）通货膨胀、汇率波动、经济危机等，导致酒店经营成本上升，客户消费能力下降
3	法律纠纷危机	（1）与客户、供应商等发生合同纠纷，酒店可能面临法律诉讼和赔偿 （2）酒店侵犯他人合法权益或被他人侵权，引发法律纠纷
4	突发事件危机	（1）恐怖分子对酒店进行袭击，造成人员伤亡和财产损失 （2）传染病暴发等公共卫生事件，导致酒店客源锐减甚至停业
5	市场竞争危机	（1）新的酒店品牌或连锁酒店进入市场，加剧市场竞争 （2）竞争对手过于强大或自身经营不善，导致酒店市场份额下降

3. 综合危机

除了上述明确的内外部危机外，酒店还可能面临多种因素交织的综合危机。例如，自然灾害与市场竞争同时发生，导致酒店面临双重压力；或者政治经济危机与品牌形象危机叠加，严重影响酒店的生存和发展。

> **小提示**
>
> 酒店危机类型多样且复杂多变，酒店管理者需要具备高度的警觉性和应对能力，建立健全的危机管理机制和应急预案，以应对各种潜在风险和挑战。

二、危机识别

危机识别作为酒店危机管理的首要步骤，其重要性不言而喻。这一环节要求酒店管理者必须拥有敏锐的观察力和准确的判断力，以便能够及时发现那些可能给酒店带来不利影响的潜在危机。为了实现有效的危机识别，酒店可以采取图 8-1 所示的方法。

图 8-1 危机识别的方法

1. 风险评估

风险评估是危机识别的核心手段之一。酒店需要定期对自身的内外部环境进行全面的风险评估，对可能引发危机的各种因素进行深入分析和识别。这些因素范围广泛，如自然灾害（如地震、洪水等）、安全事故（如火灾、电梯故障等）、公共卫生事件（如食物中毒等）、服务质量问题（如客户投诉、服务失误等），以及各类突发事件（如恐怖袭击、社会动荡）。通过全面的风险评估，酒店可以更准确地识别出潜在的危机点，从而有针对性地制定防范措施。

2. 信息收集

信息收集也是危机识别的重要环节。酒店需要建立多渠道信息收集机制，以确保能够及时获取与酒店相关的各类信息。这些信息的来源包括媒体报道、社交媒体平台上的公众讨论、客户的投诉和反馈、员工的意见和建议等。通过广泛收集这些信息，酒店可以更加全面地了解自身的运营状况和市场环境，从而更容易发现潜在的危机迹象。

3. 案例分析

案例分析也是提高危机识别能力的有效途径。酒店可以积极借鉴其他酒店或行业的危机案例，深入分析这些危机发生的原因、过程和影响。通过学习他人的经验教训，酒店可以更加清晰地认识到自身可能存在的风险点，并提前制定相应的应对措施。这种"以史为鉴"的方式可以大大提高酒店的危机识别能力，帮助酒店在面对类似情况时能够更加从容地应对。

三、危机预警

危机预警是酒店危机管理中的重要环节，它紧随危机识别环节之后，当识别到危机后，借助一系列科学有效的措施，提前发出警报，确保酒店能够迅速采取应对措施，有效化解或减轻危机带来的影响。常用的方法如图 8-2 所示。

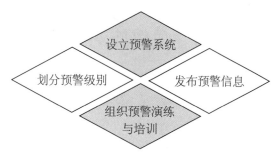

图 8-2 危机预警的方法

1. 设立预警系统

设立预警系统是危机预警的核心。酒店需要借助数据分析、情报收集等先进手段，建立一套科学、灵敏的预警系统。这个系统应具备对潜在危机因素进行实时动态监测的能力，能够捕捉到那些可能引发危机的细微变化，并在危机指标达到预设的阈值时，自动发出警报，提醒酒店管理层和员工及时采取行动。

2. 划分预警级别

预警级别的划分也是危机预警的重要环节。酒店应根据危机的严重程度和紧急性，将预警划分为不同的级别，如一级预警、二级预警等。这样，当预警系统发出警报时，酒店可以根据预警的级别，迅速判断危机的严重程度，并采取相应的应对措施。这种分级响应的机制有助于酒店更加有序、高效地应对危机。

3. 发布预警信息

预警信息的发布也是危机预警的关键步骤。酒店需要确保预警信息能够及时、准确地传达给酒店管理层、员工和客户。通过内部通知、短信、邮件等多种方式，酒店可以将预警信息迅速传播开来，让相关人员及时了解危机情况，做好应对准备。这样，当危机真正来临时，酒店内部能够迅速形成合力，共同应对挑战。

4. 组织预警演练与培训

组织预警演练与培训也是提高危机预警能力的重要途径。酒店需要定期组织预警演练和培训活动，让员工亲身体验危机应对的过程，提高他们的危机意识和应对能力。通过模拟真实的危机情境，酒店可以检验预警系统的有效性和员工的反应速度，及时发现并改进存在的问题，确保在真正的危机来临时，酒店能够迅速、有效地做出响应。

第二节　危机应对与处置

酒店危机应对与处置是一个系统工程,需要酒店管理者的高度重视和全体员工的共同努力。通过建立完善的危机管理机制、制定应急预案、加强员工培训、实施危机处理方案以及开展后续处理与改进等措施,酒店可以有效地应对各种危机事件,保障客人的利益和安全,维护酒店的声誉和形象。

一、危机应对与处置的目的

危机应对与处置的主要目的如图 8-3 所示。

图 8-3　危机应对与处置的主要目的

1. 保护人员安全

首要目的是确保人员(包括员工、客人和其他相关人员)的生命安全和身体健康。在危机发生时,迅速采取措施以减少人员伤亡和健康风险是至关重要的。

2. 维护酒店声誉

有效的危机应对与处置有助于保护酒店的品牌形象和声誉。通过及时、透明且负责任地处理危机,酒店可以赢得公众的理解和信任,从而减轻危机对品牌形象的负面影响。

3. 减少经济损失

危机往往伴随着经济损失,包括直接损失(如财产损失、业务中断)和间接损失(如客户流失、市场份额下降)。危机应对与处置的目标是尽可能减少这些经济损失,保持酒店的财务稳定。

4. 保证业务连续性

在危机发生后，酒店需要尽快恢复正常运营，以确保业务的连续性和稳定性。危机应对与处置计划应包括业务恢复和连续性管理措施，以减少危机对业务运营的影响。

5. 提升应急管理能力

通过危机应对与处置的实践，酒店可以不断提升自身的应急管理能力，包括危机预防、应对、恢复和持续改进的能力。这将有助于酒店在未来更好地应对类似的危机事件。

二、危机应对与处置的原则

危机应对与处置的基本原则如图 8-4 所示。

预防为主	快速反应	透明公开	客户至上	持续改进
通过建立完善的预警机制和制订危机管理计划，提前识别并预防潜在危机的发生	一旦危机发生，应立即启动应急预案，迅速做出反应，以控制危机的扩散和恶化	以透明、公开的方式与公众、媒体和利益相关者进行沟通，及时发布准确信息，避免谣言传播	在处理危机时，应优先考虑客户的利益和需求，提供必要的关怀和补偿	危机处理完毕后，应认真总结经验教训，完善管理制度和流程，防止类似危机再次发生

图 8-4　危机应对与处置的基本原则

三、危机应对的具体措施

酒店危机应对是一个全面、系统的过程，需要酒店从图 8-5 所示的多个方面入手，确保在危机发生时能够迅速、有效地做出反应，最大程度地减少负面影响并恢复正常运营。

图 8-5　危机应对的具体措施

1. 建立危机管理团队

① 组建专业团队。成立由高层管理者领导的危机管理团队，成员应包括来自不同部门，如客房部、餐饮部、前厅部、保安部、公关部等的代表。

② 明确职责。为团队成员分配明确的职责和任务，确保在危机发生时能够迅速响应并有效协作。

2. 制订危机管理计划

① 全面评估。对可能面临的危机类型进行全面评估，包括自然灾害、安全事故、公共卫生事件、服务质量投诉等。

② 制定预案。针对不同类型的危机制定详细的应急预案，包括危机预警、应急响应、危机沟通、资源调配、业务恢复等方面的内容。

③ 定期演练。定期组织应急预案的演练，以检验预案的可行性和有效性，并提升员工的危机应对能力。

相关链接

酒店危机管理预案建立和实施的注意要点

1. 危机管理预案要面面俱到、细致入微

酒店必须根据自身的实际情况提前制定详细的各项预案，比如危机发生时，各级人员的分工、职责、应对程序，什么样的问题由谁来处理，谁有权处理什么事，处理问题的要点和原则是什么，由谁发出酒店的紧急状态令，对外发布信息的原则是什么，现场和善后处理中的指挥、协调、对外关系处理等工作的原则是什么，特别是需要成立"危机响应小组"，确立对外发言人，启动已制定完善的处理程序，以争取在第一时间内，果断地采取措施，这是战胜危机的关键因素。

2. 危机管理预案制定后，用制度保证其有效执行

酒店在制定日常清洁、运营、服务、安全检查等工作的管理制度时，应考虑可追溯性，落实责任，便于监督，预防危机的发生。危机管理预案应与管理制度相关联，以便于危机爆发时追溯问题源头，快速响应，并为今后的修正、完善提供依据。

用制度来明确各级人员应对危机的职责，形成一套切实有效的预警体系，这是应对危机的最有效办法。这样，一旦酒店出现危机苗头，相关人员就能及时发现、上报并迅速发出警报。在危机爆发前或爆发之时，就能立即宣布酒店进入紧急状态，同时启动已制定好的危机管理预案，进入危机的处理程序。

3.预案与制度到位后,加强员工培训与演练,增强危机意识及防范能力

对于自然灾害,要注意事先掌握信息,留意专业机构发布的气象预报,针对当地易发的自然灾害提前做好防范,定期检查防灾设备等;对于突发治安事件,要培养、训练管理人员、员工,使其具有善于观察蛛丝马迹的能力,提早发现、提早报警;对于火警、中毒事件,则注重管理职能的发挥、制度的严抓、程序标准的严格执行;对于因服务质量欠佳、员工处理问题能力不足而引发的危机,则重在培训、再培训。危机管理预案制定后,要把它融入员工日常培训中,使他们随时做好处理各种突发事件的准备,还要不断进行演练,让所有员工都能熟练地掌握和运用各种应对方法。

防止危机的发生,重要的是在日常工作中建立应对危机的"免疫机制"。只有未雨绸缪,在发生突发事件时才能高效处理,预防事件发酵成危机。

将危机消灭在萌芽之中,这是最佳的危机管理艺术。切勿任由其在社交媒体上扩散与放大,造成病毒式传播,进而形成社会舆情海啸。

3. 加强员工培训

① 危机意识教育。定期对员工进行危机意识教育,提高他们对危机的敏感性和重视程度。

② 应急技能培训。针对不同类型的危机,为员工提供必要的应急技能培训,如紧急疏散、急救知识、消防安全等。

③ 服务质量提升。加强员工的服务质量培训,提升客户满意度,减少因服务质量问题引发的危机。

4. 迅速响应与沟通

① 立即启动预案。一旦危机发生,立即启动相应的应急预案,迅速组织力量进行应对。

② 及时沟通。与受影响的员工、客人和利益相关者保持及时、透明的沟通,发布准确信息,稳定各方情绪。

③ 媒体关系管理。积极与媒体建立联系,主动提供信息,避免谣言传播,维护酒店形象。

> **小提示**
>
> 酒店在危机发生时不要对媒体隐瞒实情,要以开放的心态面对媒体的关注,所谓有则改之,无则加勉,人人都会犯错,知错就改才是媒体和公众都可以接受的处世之道。

5. 危机控制与解决

① 现场控制。迅速控制危机现场，防止事态进一步恶化。
② 问题排查。对危机原因进行深入排查，找出问题根源。
③ 解决方案制定。根据危机性质和影响程度，制定针对性的解决方案，并迅速实施。

6. 后续处理与改进

① 总结评估。危机解决后，对危机应对过程进行全面总结评估，分析得失，总结经验教训。
② 完善制度。根据总结评估结果，完善危机管理制度和流程，提高危机应对能力。
③ 心理支持。为受危机影响的员工和客人提供必要的心理支持，帮助他们恢复正常生活和工作。

7. 危机后的恢复与重建

① 业务恢复。尽快恢复正常运营，恢复客户信心和市场地位。
② 形象重建。通过积极的公关活动和市场营销手段，重塑酒店形象，提升品牌影响力。

四、危机处置的实用技巧

虽然重在防患未然，但万一意外发生、危机出现，那就是考验酒店管理团队能否临危不乱、快速反应的时刻了。此时需要参考预案迅速组建"危机响应小组"，视危机复杂和严峻程度，开始 7×24 小时的应对工作。在此过程中，"危机响应小组"应掌握图 8-6 所示的实用技巧。

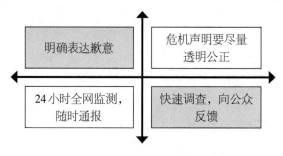

图 8-6 危机处置的实用技巧

1. 明确表达歉意

对受害者的损失（无论心理、生理还是财产方面）给予共情，用最真诚的态度无条件地表达自己的真实感受。注意，这里"无条件"三个字是关键，很多危机声明中的道歉含糊其词、遮遮掩掩，这非常不可取甚至会起反作用，道歉的关键在于真诚。

2. 危机声明要尽量透明公正

除了真实的还原事件原委（发生了什么），更要表达愿意承担责任的积极态度，酒店无须过多担忧"在事态不明朗时为自己招致过多责任"，相信公众的眼睛是雪亮的，后续会有理性分析、拆解责任的环节，但一定不是在危机爆发初期进行，这个阶段公众需要看到你"要做有担当企业"的态度，这个时候切记感性印象大于理性原委。

3. 24小时全网监测，随时通报

在危机处理中实行24小时全网监测，并将最新情况随时通报给"危机响应小组"。就像战时，最新的舆情进展和线索，需每隔1~2个小时汇总到前线指挥部，作为决策分析和下一步行动的参考。如果酒店确实因为经验和资源有限，不能做出准确的舆情判断，建议引入专业的公关公司或者危机处理顾问，全程指导酒店公关部的具体工作，并及时为酒店管理层提供应对建议。

4. 快速调查，向公众反馈

整改动作需要在最短的时间内完成，并且给予最大程度的公示，如有条件可邀请第三方机构进行检测、评估、准备一手材料。在公开、公平、专业的第三方评估分析下，责任划分会清晰呈现。

小提示

要知道，没有两件完全一样的危机，因此无法套用和直接复制应对策略，细微的主客观情况变化，都会让危机具有唯一性，即便流程机制和预案都到位，在危机真正发生时，对事态进展的敏锐观察，对事态处置的丰富经验，甚至对舆情感受的直觉都是危机处理成功的关键。

第九章
酒店服务质量管理

第一节　服务质量概述

客人入住酒店，购买的不仅是设施的使用权，客人来酒店就餐，购买的也不仅是饭菜，更重要的是购买优质周到的服务。因此，酒店的使命就是为客人提供优质服务，满足客人的需求。如何提高酒店服务质量，使酒店在激烈的市场竞争中处于优势地位，是酒店管理者的共同目标和基本追求。

一、酒店服务质量的概念

酒店服务可定义为酒店员工以酒店的设备设施为基础，以一定的操作活动为内容，以客人需求为目标，倾注感情形成的行为效用的总和。

在英文中，"服务"一词（Service）通常被解释为图 9-1 所示的七个方面。它使服务概念一目了然，更具体化、更具有操作性。

图 9-1　服务的内涵

服务是酒店向客人出售的特殊商品，既是商品，就会同其他产品一样具有检验其品质优劣的标准，这个标准就称之为质量，即服务质量。酒店服务质量，即酒店以其所拥有的设施设备为依托，为客人提供的服务在使用价值上适合和满足客人物质和精神需要的程度。

根据酒店服务质量的定义，酒店质量实际上包括有形产品质量和无形产品质量两个方面。

1. 有形产品质量

有形产品质量包括图 9-2 所示的三个方面。

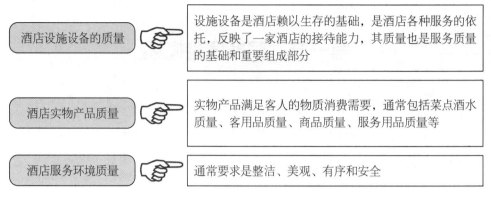

图 9-2　有形产品质量

2. 无形产品质量

无形产品质量是指酒店所提供服务的使用价值质量，也就是服务质量，包括礼节礼貌、职业道德、服务态度、服务技能、服务效率及安全卫生等。

对酒店来说，经营是前提，管理是关键，服务是支柱。服务质量不仅是管理水平的综合体现，而且直接影响着酒店的经营效果。

二、酒店服务质量管理的重要性

现代客人的需求呈现多样化和个性化，对服务质量的要求也越来越高。这就要求酒店要从客人需求出发，不断提高服务质量，以满足不同客人在不同时间的各种需要。中国酒店业近年来发展迅猛，数量显著增加，但同时，业内竞争也越来越激烈。提高服务质量、提升自身竞争力，是酒店在激烈竞争中取得相对优势的最为直接途径。从根本上说，服务质量是酒店生存与发展的基础，酒店之间的竞争，本质上是服务质量的竞争。其原因如图 9-3 所示。

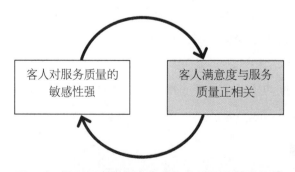

图 9-3　服务质量是酒店生存与发展的基础的原因

1. 客人对服务质量的敏感性强

酒店消费的本质是购买"时间+空间+情感"的复合型产品。从预订咨询的响应速度、入住时前台接待的服务态度，到客房清洁度的细节把控，每个服务接触点都会触发客人的情绪反应。优质的服务能让客人感到被尊重和重视，而差劲的服务则可能让客人感到被忽视和不满，这些都直接影响客人对酒店的评价和忠诚度。

2. 客人满意度与服务质量正相关

有客人才有市场，有市场才有利润，而酒店能否赢得并留住更多的客人，关键在于酒店所提供的服务质量能否让客人满意。客人满意度是酒店服务好坏的最终评价标准，也是酒店生存与发展的先决条件。

三、酒店服务质量管理的特征

酒店服务质量是指酒店所提供的各项服务适合和满足宾客需要的自然属性，通常表现为满足客人的物质需求和精神需求两个方面。在质量管理中，通常把这种"自然属性"统称为质量特性。不同的服务具有不同的质量特征，不同的质量特征分别满足宾客不同的需求。同一种服务，由于质量特性的水平不同，因而其适应性，即满足宾客需要的程度也不尽相同。因此，酒店服务的这些自然属性能否满足宾客的物质和精神上的需要，以及满足的程度如何，就是衡量酒店服务质量优劣的关键指标。因此，酒店服务质量管理具有图9-4所示的三个显著特征。

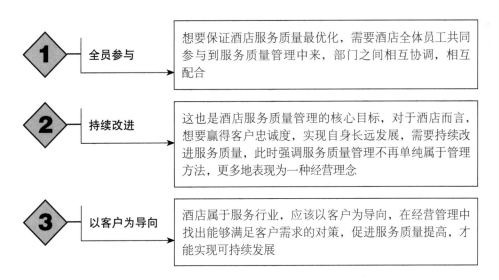

图 9-4　酒店服务质量管理的特征

四、影响酒店服务质量的因素

酒店管理固然重要，但是不能一味地强调管理，还要在管理过程中及时发现与酒店经营管理相违背的因素，毕竟，这些因素的存在阻碍了酒店服务质量的提升。作为酒店管理者，必须仔细研究图 9-5 所示的这些不良因素，为提升服务质量找准问题根源。

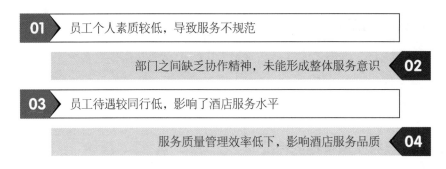

图 9-5　影响酒店服务质量的因素

1. 员工个人素质较低，导致服务不规范

很多员工将个人的不良习惯带到工作中来，使他们的服务行为不规范不礼貌，经常给客人留下不良印象。大大降低了客人对酒店的信任度，如果员工的服务意识强一些，这些现象就有减少或避免的可能。

2. 部门之间缺乏协作精神，未能形成整体服务意识

酒店管理的成效不是一个部门通过单独行动就能实现和巩固的。然而，很多酒店的管理中缺乏强有力的协作机制。各个部门往往"各扫门前雪"，看重本部门的服务质量，认为只要本部门的服务质量不出现问题就万事大吉，这导致其自身无法与其他部门实现较好的衔接与协调，酒店的整体服务体系出现裂痕，最终致使消费者对酒店的印象变差，酒店形象受损，影响了酒店效益。

3. 员工待遇较同行低，影响了酒店服务水平

目前，我国很多酒店仅强调员工的服务意识和服务质量，却未能为员工提供福利和保障。例如：员工的工资待遇非常有低，仅仅达到所在城市的最低标准；员工应享有的保险福利未能落实等。这些现象严重打击了员工的工作热情，使他们带着不满情绪投入酒店服务中，势必影响酒店服务质量，酒店的经营效益无从保障。

4. 服务质量管理效率低下，影响酒店服务品质

很多酒店领导只看重经营效益，嘴上喊着提升服务质量，但行动上却无从体现。这种

言行不一的做法直接导致了员工个人表现的不合规范。此外，管理部门未能形成一套行之有效的管理方法及措施，管理机构的配置也不科学，管理职能存在交叉，导致管理出现混乱局面。

第二节　服务质量提升

在当前酒店市场竞争激烈的情况下，酒店要获取客源，创造经济效益，确保自身的生存与发展，必须提升服务质量，让客户感到温馨舒适，有宾至如归感觉，愿意下次再来入住。

一、建立完善的服务质量管理体系

1. 设立服务质量管理专职结构

酒店应设立服务质量管理专职机构，作为服务质量体系的组织保障，建立内容全面、科学合理、控制严密的服务质量控制系统，借助一定的制度、规章、方法、程序等，使酒店服务质量管理活动系统化、标准化、制度化，把酒店各质量活动纳入统一的质量管理系统中。

2. 制定质量标准和质量目标

酒店要为各服务项目的日常管理和服务环节制定明确的质量标准、工作规范和工作程序，使员工服务行为有章可循。

应如实记录酒店各岗位、各环节的服务过程，仔细分析研究，按照质量管理要求进行改进，使之更加合理化，并将优化后的服务过程以文字和图表的形式确定下来，形成服务程序。服务过程的规范化、程序化、标准化，既是酒店质量体系的重要内容，也是建立服务质量管理体系的重要基础工作。

同时，酒店还应制定服务质量检查程序和控制标准，建立质量信息反馈系统，收集并分析服务不符合标准的原因，提出和实施改进措施。

二、满足客人对酒店的情感需求

著名心理学家马斯洛在"需求层次理论"中，把人的需求从低到高分为图9-6所示的五个层次。

图 9-6　人的需求

酒店是人们社交、休闲、居住的家外之家，除了向客人出售客房、餐饮等有形产品，用于满足客人的基本生理需求以外，更重要的是要向客人提供优质、高效、快捷的人性化、亲切化、个性化的"软件"服务产品，来满足客人变化万千的服务需求。现如今，绝大多数客人对酒店的情感需求主要体现在图 9-7 所示的几个方面。

图 9-7　客人对酒店的情感需求

1. 礼貌、尊敬

每一位客人在踏入酒店大门时，都希望见到服务人员亲切的微笑、彬彬有礼的举止，听到热情而真诚的问候，这些构成了酒店留给客人的第一印象，也满足了客人希望得到尊重的情感需求。因此在服务过程中，服务人员应时时处处想客人所想，急客人所急，一切以客人满意为标准，这就需要把礼貌和尊敬作为满足客人受尊重心理需求的基本出发点和服务精要。

2. 关心、体贴

关心、体贴客人是酒店留住老客人，吸引新客人，提高服务质量，与客人建立朋友、亲人般关系的基础，是服务行业经营管理的核心，也是满足客人受尊重、受关爱心理需求的基本出发点和服务精要。

3. 高效、规范

无论客人是在前台登记入住，还是在餐厅用餐，过久的等待时间，都将使酒店的服务质量大打折扣。每一位入住酒店的客人，都希望酒店的服务规范、高效、准确。

4. 安全、方便

客人对酒店的最高需求可以说就是对安全的需求，客人希望酒店能提供一个安全的环境，包括人身和财产安全，设备设施的使用安全，食品卫生安全，电话网络安全，都必须得到保障。

同时，客人都希望酒店的地理位置优越、交通便捷，这样，无论出游、购物、就医、存取款、探亲访友等都能十分方便。

5. 特色、文化

客人对酒店更高层次的需求是希望酒店有特色、有文化内涵，经营服务有创新，因此绿色、环保、洁净是中外客人对任何一家酒店的基本情感要求。

总之，客人对酒店的情感需求是纷繁复杂的，酒店不但要满足众多客人的共性情感服务需求，也应满足客人个性心理需求，这样才能做到宾至如归，以客为本。通过分析客人对酒店的情感需求，酒店管理者就可以精准识别客人的实际需要，这是提升酒店服务质量的突破口。

三、强化全员服务质量意识

服务质量的好坏取决于两个方面的因素：一是物的因素，二是人的因素。其中人的因素尤为重要。因此，酒店全体员工必须树立高度的"客人"意识，遵循"客人至上"的宗旨。

在心理学上，意识一般指自觉的心理活动，即人对客观现实的自觉的反映。在酒店服务中，服务意识则是指从酒店经理到全体员工在与所有酒店利益相关者（人或组织）的交往中所体现出的为其提供热情、周到、主动的服务的欲望和意识，也就是以客人为核心开展工作，以满足客人需求、让客人满意为标准，全面体现"客人至上"，时刻准备为客人提供精品服务的一种意识。具体来说，服务意识包括图 9-8 所示的内容。

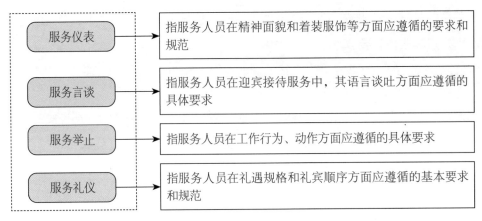

图 9-8 服务意识包括的内容

酒店要想在激烈的竞争中求生存、求发展，就必须重视员工队伍的培养建设，重视基层服务人员的塑造。服务不是简单的端茶倒水，服务是一门科学、是一种文化，服务还是一个产业。对于酒店的员工，可以说服务是基础、服务是灵魂，服务是酒店中最容易做好，又最难做好的工作，因此要树立"客人满意，是对服务工作的最高奖赏与评价"的思想，始终牢记，酒店为客人提供的最重要的产品是服务，一旦提供给客人的服务是劣质的、不合格的，那将是永远无法退换和改变的。

总之，服务意识，不仅是前台、客房、餐厅等的一线员工应该具备的，也是职能部门（财务、采购、人力资源、工程、安全等）甚至高层管理者应当必备的，换句话说，酒店的全部员工都应具有强烈的服务意识。

> **小提示**
>
> 服务质量管理是酒店日常管理的中心工作，全体员工都要有质量意识，管理人员更要树立服务质量观念。管理者将质量观念深植于心，才能在日常管理中真正把质量当成酒店的生命，才能令酒店全体员工在思想上、行动上认识到服务质量的重要性，质量管理制度才能得到有效实施。

四、打造精品服务

在当今竞争激烈的酒店业中，提供精品服务已成为吸引客人的重要手段。酒店业的成功不仅仅取决于提供高品质的住宿和设施，还需要提供出色的客户服务。

1. 显示积极热情的态度，主动为客人服务

有好的态度不一定有好的结果，但没有好的态度肯定不会有好的结果，一般来说，你对别人是什么态度，别人对你也是什么态度。因此在服务过程中，要随时考虑客人的需

要，为客人提供一切所能提供的服务。在客人提出需求的时候，员工首先展现给客人的应当是积极热情的态度，对客人提出的常规的基本的需求，应通过规范的合乎标准的服务，及时准确地给予满足，保证服务的有效性。

2. 识别出客人的需求，让客人惊喜感动

识别客人的需求，就是深入了解客人需求、预测客人需求，就是领先客人一步，用心去服务，帮客人想到、做到。要进一步提高客人的满意度，必须向客人提供个性化的服务，挖掘客人潜在需求，并且在客人提出之前及时识别他们的潜在需求，这样，才会给客人惊喜。

此外，高质量的酒店服务都非常关注细节，细节到位往往能给客人留下深刻的印象，为酒店赢得客人口口相传的美誉打下较好的基础。在服务过程中，时时处处动之以情，想客人所想，急客人所急，用亲情交换亲情，以心灵沟通心灵。

3. 尊重客人，对客人一视同仁

酒店服务人员应该有这种观念：凡是在酒店消费的人，无论富贫、职位高低都是酒店的客人，都应该受到公平平等的对待。每一位客人都是一个独立的个体，都有独立的人格，在服务过程中，服务人员可能因为意见相左而同客人产生摩擦。此时就要求服务人员注意自己的言谈举止，一切从客人角度出发，尊重客人。因为服务人员的态度可能成为客人和酒店建立良好关系的纽带，也可能成为引发客人和酒店之间战争的导火线。总之，不管什么情况，服务人员都应该遵循客人至上的原则。

此外，尊重客人的另一个方面就是诚信待客，酒店的美誉与诚信永远不可分开，诚信的酒店赢得市场，诚信的领导赢得员工，诚信的员工赢得客人。一个酒店不仅要关注产品、资金、人才等有形要素，还要更多地关注诚信、责任感等诸多无形因素。真正做到真诚服务、守信经营，才能创造出自己的服务品牌，形成核心竞争力。

> **小提示**
>
> 只有真正了解了客人的需求，才能为客人提供物超所值的服务；只有用心服务，才能感动客人，从而发掘客人的深层次需求，提升客人的满意度，让客人的价值最大化，从而实现酒店价值的最大化。

五、认真落实首问责任制

顾名思义，首问责任制是指首问责任人对客人提出的要求，无论是否是自己权责范围内的事，都必须尽自己所能给客户提供最佳和让其满意的服务，直至问题得到解决或给予

客人明确答复的责任制度。首问责任制对象是客人来酒店，或是打电话给酒店要求提供服务时，所接触到的第一位员工。

在提高酒店服务质量的过程中，首问责任制起着至关重要的作用。因为，客户来酒店后对情况不熟悉，总要询问，如果不落实好首问责任制，就会造成客户的不满意，对酒店产生不良影响，久而久之，势必影响酒店经营业务的发展。

酒店管理者可通过如图9-9所示的途径来落实首问责任制。

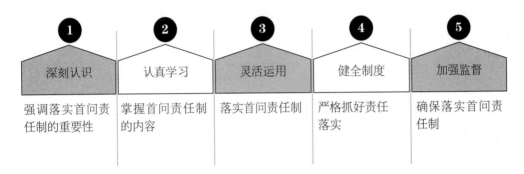

图9-9　落实首问责任制的措施

1. 深刻认识，强调落实首问责任制的重要性

通过提高服务质量创造良好经济效益是一条成本低、收益好的捷径，要把提高服务质量作为酒店生存和发展的首要条件，认真落实首问责任制。为此，酒店管理者应专门召开员工会议，强调落实首问责任制的重要性，要求每个员工在提供服务的过程中，树立服务品牌意识，把首问责任制落实在具体工作中，要通过自己的实际行动让客户了解酒店的服务内容、服务特色，使他们能对酒店的文明服务有个清晰的认识，从而口口相传，为酒店赢得良好的口碑效益。

酒店每个员工要履行服务承诺，要以热情的服务态度、贴心的服务内容、规范的服务行为，为客户提供优质服务，让客户对酒店的文明服务有切身体会，留下深刻印象，从而促进酒店经营业务的发展。

2. 认真学习，掌握首问责任制的内容

要落实首问责任制，提高酒店服务质量，不能光是嘴上说说，而心中无数，这样落实不了首问责任制，也无法提高服务质量，让客户的满意。为此，酒店管理者应专门归纳首问责任制的内容，并要求员工认真学习，学深学透，掌握首问责任制的内容，并运用到实际工作中。首问责任制的内容如图9-10所示。

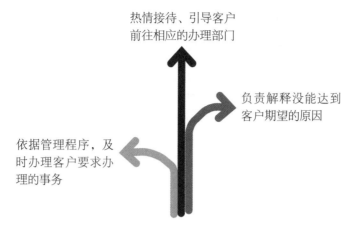

图 9-10 首问责任制的内容

3. 灵活运用，落实首问责任制

在具体的实践中，落实首问责任制必须做到如图 9-11 所示的八点。

图 9-11 落实首问责任制的要求

① 热情接待。客户咨询、投诉的问题，无论是否属于本部门、本单位，首问负责部门或个人都必须主动热情，不得以任何借口推诿、拒绝、搪塞客户或拖延处理时间。

② 认真办理。凡客户投诉的问题，属于本部门范围内的，一律在本部门解决。首问负责部门或个人能立即答复的，必须当即答复客户并认真做好解释工作。对由于客观原因不能当即答复的，或不属于本人职责范围内的问题，在处理时应做到：向客户说明原因，并取得客户的谅解。

③ 礼貌待人。凡客户咨询、投诉的问题，本部门无法解决的，应详细记录客户提出的问题，留下客户姓名、地址、联系电话，并填写好投诉、查询处理单，在 1 小时以内转交给相关部门处理。

④ 讲究效率。接到处理单的部门必须立即指定专人负责处理，并根据问题的处理难度，在 1 个工作日内将处理结果反馈给客户，同时反馈至发单部门。

⑤ 及时协调。若客户咨询、投诉的问题比较复杂，本部门无法解决或涉及两个以上

部门时，报相关职能部门协调解决。

⑥ 尽力解决。在处理客户投诉、咨询时，要尽可能在本部门范围内解决。确实无法解决的，才可以转至其他部门处理。

⑦ 及时回访。首问负责人在得到处理部门的反馈意见后，要及时回访客户，并核实处理部门答复客户的情况。

⑧ 准确解答。在答复客户提出的问题时，要准确及时，尽量让客户满意。

4. 健全制度，严格抓好责任落实

落实首问责任制，要健全制度，严格抓好责任落实。在这方面，酒店应主抓图 9-12 所示的几点工作。

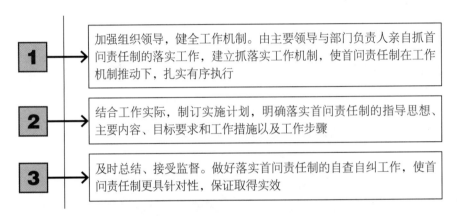

图 9-12　抓好首问责任制落实的措施

5. 加强监督，确保落实首问责任制

酒店应通过加强监督，来确保落实首问责任制。具体措施如图 9-13 所示。

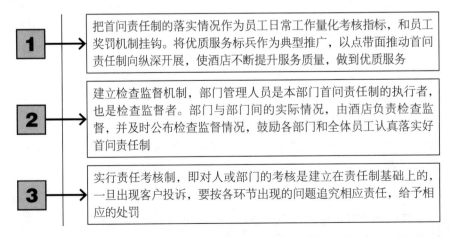

图 9-13　监督首问责任制落实的措施

六、培育酒店企业文化

企业文化是一个企业的灵魂，是企业凝聚力的最重要内涵和外延。酒店企业文化反映的是酒店全体员工的共同价值取向，在其基础上，酒店员工之间、部门之间就会形成一个合作、团结的整体。好的酒店企业文化能够激发员工的服务意愿，使他们发自内心为客人服务，而客人在享受这种服务、感受这种企业文化的同时会增强对酒店服务质量的认同感。

1. 酒店企业文化的基础构建

酒店企业文化的构建始于对酒店使命、愿景及核心价值观的明确界定。这些元素共同构成了酒店企业文化的基石，为全体员工提供了清晰的方向指引。酒店使命应明确阐述其存在的目的与意义，愿景则描绘出酒店未来发展的宏伟蓝图，而核心价值观则是指导员工日常行为、决策判断的根本原则。通过这些基础元素的确立，酒店能够构建起一个统一、明确且富有吸引力的文化框架。

2. 促进共同价值取向的形成

酒店企业文化的形成是一个自上而下、自下而上相结合的过程。管理层需通过言传身教、制度设计等方式，将酒店企业文化渗透到每一个工作细节中，确保每位员工都能深刻理解并认同企业的价值观。同时，鼓励员工参与酒店企业文化的讨论与建设，通过员工大会、团队建设活动等形式，让员工在互动交流中形成共鸣，共同塑造并维护企业的独特文化。这种共同参与的过程，不仅增强了员工的归属感和责任感，也促进了企业内部共同价值取向的形成。

3. 强化合作与团结精神

在良好的酒店企业文化氛围下，酒店内部会形成一股强大的合作与团结的力量。各部门之间不再是孤立的个体，而是基于共同的目标和价值观的紧密相连的整体。通过建立跨部门沟通、协作机制，以及定期组织团队建设活动，酒店能够打破部门壁垒，促进信息共享与资源整合，提高整体运营效率。同时，这种合作与团结的精神也会渗透到员工的日常交往中，形成相互支持、共同进步的良好氛围。

4. 提升员工服务意愿与客人认同感

优秀的酒店企业文化能够激发员工内心深处的服务热情与职业自豪感。当员工认同并融入酒店企业文化时，他们会更加主动地提升自己的专业技能和服务意识，以更加饱满的热情投入工作中去。这种发自内心的服务意愿，会让客人在享受服务的过程中感受到温暖与尊重，从而提升对酒店服务质量的认同感与满意度。此外，酒店企业文化所传递的价值观与品牌形象也会通过员工的言行举止传递给客人，进一步加深客人对酒店品牌的认知与信赖。

 相关链接

酒店服务的4个到位

1.态度到位

客人到酒店接受服务，他所接触的服务人员的态度在很大程度上会影响他对整个酒店服务的印象，并成为他评价酒店服务质量的重要因素。态度到位要求所有直接面对客人的服务人员，包括门童、行李员、前台接待人员、客房和餐饮服务人员等，服务时都必须重视客人、尊重客人，充分了解客人的心态和需求，想客人所想，解客人所需。

态度到位还强调服务时态度要诚恳，是一种自然心态的流露。当然讲到态度，不能不提到微笑，因为微笑是表现态度的一种重要的外在形式。

现在很多酒店都在强调微笑服务，但实际上不少酒店员工在服务中展现的微笑只是一种职业化的微笑，给客人的感觉是应付的多，发自内心的少，缺乏情感和亲和力。另外，态度到位也要求服务用语要文明、礼貌，基本的要求是"请"字开头，"谢"字结尾。

2.技能到位

服务要做到位仅有态度还不够，还必须有技能技巧作为支撑。比如外宾接待服务，就要求酒店员工有较高的外语水平。技能技巧体现于酒店服务的各个方面和各个环节，不同岗位既有共性的要求，如沟通能力、协调能力、投诉处理能力、语言表达能力、预见能力、记住客人的能力等，也不乏个性的要求。比如：客房服务员要有排除客房设备简单故障的能力，分析客人喜好的能力；前台服务员要有识别客人性格和察言观色的能力；商务服务人员要具备计算机技能等。

有了这些能力，服务人员在服务时才能较好地满足客人对酒店的基本要求和某些特殊要求，从而使"服务到位"在实际工作当中得到有效落实。

3.效率到位

效率到位在很大程度上体现于服务人员对服务节奏的把握。随着人们生活节奏的加快，现在酒店都在强调服务要速度快、效率高，以减少客人等待时间，提高客人满意度。

但服务节奏快慢也要根据客人的实际要求来进行调整，比如有一位客人在某酒店餐厅就餐时就对上菜太快深感不满，原因是那天他与久违的老朋友见面，希望餐厅慢

点上菜，以便他有足够的时间和老朋友交谈、畅饮，但酒店却做不到，不到20分钟，菜就全上齐了。因此，尽管该酒店餐饮服务效率很高，但却服务不到位。

4.细节到位

高质量的酒店都非常关注细节，细节到位往往能给客人留下深刻的印象，为酒店口碑传播打下较好的基础。

比如在宴会上，服务员了解到客人中有位糖尿病患者，就主动为他送上一碗无糖的芋头汤；确定客人中有人过生日时，就通知有关管理人员送来一个生日蛋糕，并带上温馨的祝福；有客人肠胃不舒服时，服务员马上把一碗清淡的面条送至房间等，这些都是细节到位的表现。

但现在不少酒店在服务过程中对细节有所忽略，例如，当客人还在房间休息或办一些事情时，总是有服务员来敲门问房间是否需要打扫和整理，这给客人的感觉就不是很好，到位的服务就要求酒店应当尽量避免这种情况出现。

第三节　服务质量评估

酒店服务质量评估是酒店管理中至关重要的一环，它直接关系到酒店的品牌形象、客户满意度以及市场竞争力。通过科学合理的评估标准和方法，客观公正的评估过程以及有效的评估结果应用，可以提高酒店的服务质量和客户体验水平，为酒店的长期发展奠定坚实基础。

一、评估标准

酒店服务质量的评估标准通常包括图9-14所示的几个方面。

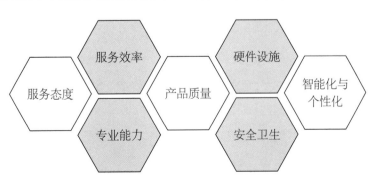

图9-14　酒店服务质量的评估标准

1. 服务态度

① 服务员应表现出高度的热情和礼貌，对客人保持微笑，主动问候，并在服务过程中展现出良好的职业素养。

② 服务员应能主动识别客人的需求，并提供及时、有效的帮助，解决客人遇到的问题。

2. 服务效率

① 服务员应能迅速满足客人的需求，无论是客房服务、餐饮服务还是其他任何服务需求。

② 在执行服务任务时，服务员应确保操作准确无误，减少错误和失误的发生。

3. 专业能力

① 服务员应具备与岗位相关的专业知识，能够解答客人关于酒店服务、设施使用等方面的问题。

② 服务员应熟练掌握各项服务技能，如客房整理、餐饮服务、前台接待等技能，确保服务质量。

4. 产品质量

① 客房应干净整洁，设施齐全，床品舒适，满足客人的住宿需求。

② 餐厅应提供新鲜、美味、卫生的菜品，满足不同客人的口味需求。同时，餐饮服务应高效、有序，确保客人用餐过程的流畅性。

③ 提供会议服务的酒店，其会议设施应完善、先进，能够满足不同规模和类型的会议需求。

5. 硬件设施

① 酒店应拥有足够数量的客房，并保持良好的品质。客房内的设施应齐全、完好，能满足客人的基本需求。

② 酒店的大堂、餐厅、会议室等公共区域应装修精美、布局合理，为客人提供舒适的环境氛围。

③ 酒店应配备完善的配套设施，如健身房、游泳池、SPA 馆等，满足客人的休闲娱乐需求。

6. 安全卫生

① 酒店应建立完善的安全管理制度，内容包括消防设备的配置、安全通道的设置等，

确保客人在酒店内的安全。

② 酒店应严格遵守卫生标准，定期对客房、餐厅等区域进行清洁和消毒，确保设施和设备干净卫生。

7. 智能化与个性化

① 酒店应利用信息化手段提升服务质量，如通过智能客房系统、在线预订系统等为客人打造便捷的服务体验。

② 酒店应根据客人的需求和喜好提供个性化的服务，如定制化的客房布置、个性化的餐饮推荐等，以提高客人的满意度和忠诚度。

二、评估方法

评估酒店服务质量的方法通常有以下几种。

1. 问卷调查

问卷调查是一种量化评估手段，旨在通过系统设计的问题集，收集大量客人对酒店服务的满意度数据和具体意见。运用这种方法可以快速获取大量数据，便于后续统计分析和问题识别。其实施步骤如图 9-15 所示。

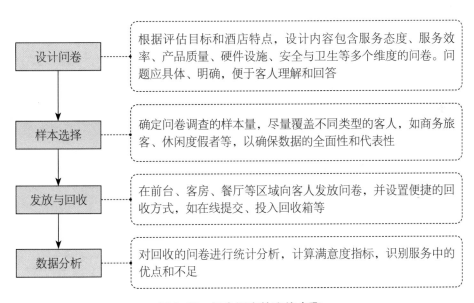

图 9-15　问卷调查的实施步骤

酒店在进行问卷调查时，要注意以下两点。

① 确保问卷设计的合理性和有效性，避免引导性问题和模糊表述。

② 尊重客人的隐私和意见，保证问卷结果的匿名性和保密性。

2. 面对面采访

面对面采访是一种深入交流的方式，通过直接与客人对话，可以获取更具体、更生动的反馈。这种方法有助于了解客人的真实感受和需求，发现潜在的服务问题。其实施步骤如图9-16所示。

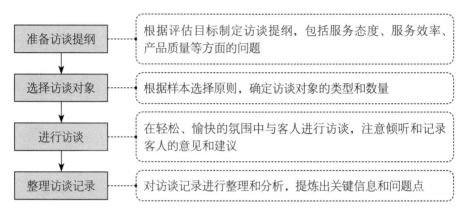

图9-16 面对面采访的实施步骤

酒店在进行面对面采访时，需注意以下事项。

① 访谈过程中要保持礼貌和尊重，避免打断客人的发言。

② 注意访谈的时效性和代表性，确保访谈结果能够反映客人的普遍感受。

3. 观察法

观察法是一种直观评估手段，即评估人员亲自入住酒店或参观酒店，直接观察员工的服务表现和设施设备的状况。这种方法有助于了解服务流程和设施设备的实际运行情况。其实施步骤如图9-17所示。

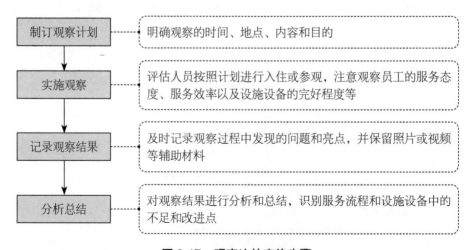

图9-17 观察法的实施步骤

酒店在采取观察法时，需注意以下事项。
① 观察过程中要保持客观和公正的态度，避免主观臆断和偏见。
② 注意保护客人的隐私和权益，避免在观察过程中打扰到客人。

4. 记录分析法

记录分析法是一种基于历史数据的评估方法，通过分析客人的投诉记录、员工的工作记录等，了解服务质量和问题所在。这种方法有助于发现服务中的重复问题和潜在风险。其实施步骤如图 9-18 所示。

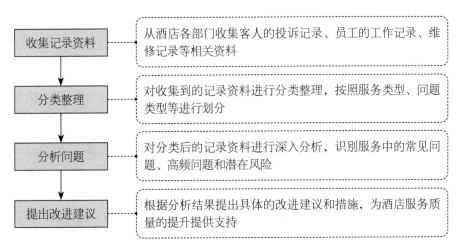

图 9-18　记录分析法的实施步骤

酒店在采用记录分析法时，应注意以下事项。
① 确保记录资料的准确性和完整性，避免遗漏重要信息。
② 分析过程中要客观公正地看待问题，避免片面性和主观性。

三、评估流程

在提升酒店服务质量的过程中，做好评估流程可确保服务质量的持续优化与客户满意度的不断提升。

一般来说，评估流程如图 9-19 所示。

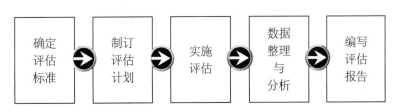

图 9-19　评估流程

1. 确定评估标准

确定评估标准的操作步骤如表 9-1 所示。

表 9-1　确定评估标准的操作步骤

序号	步骤	具体说明
1	酒店特点分析	深入了解酒店自身的定位、规模、设施、服务特色等，以便制定出与酒店实际情况相符的评估标准。这包括但不限于客房设施、餐饮服务、前台接待、客房清洁、安全保障、员工服务态度等多个方面
2	客户需求调研	通过问卷调查、客户访谈、社交媒体反馈等多种方式，收集并分析客户对酒店服务的期望与需求。这有助于确保评估标准能够真实反映客户的关注点，从而增强评估的针对性和有效性
3	制定详细标准	基于酒店特点和客户需求，制定一套全面、具体、可量化的评估标准。这些标准应明确列出各项服务指标、评分标准、权重分配等，以便在后续评估过程中有章可循

2. 制订评估计划

制订评估计划的操作步骤如表 9-2 所示。

表 9-2　制订评估计划的操作步骤

序号	步骤	具体说明
1	明确时间节点	根据酒店运营周期和客户需求变化，确定评估的具体时间，如季度评估、年度评估或特定项目评估。同时，合理安排评估前的准备时间和评估后的整改时间
2	选择评估地点	评估地点应覆盖酒店所有关键区域，包括但不限于前台、客房、餐厅、会议室等。确保评估能够全面反映酒店的整体服务水平
3	确定评估方法	结合实地考察、问卷调查、客户访谈、员工自评与互评等多种评估方法，以确保评估结果的全面性和客观性
4	人员安排	组建专业的评估团队，成员应包括酒店管理层、员工代表、外部专家或第三方评估机构等，以确保评估的专业性和公正性

3. 实施评估

实施评估的操作步骤如表 9-3 所示。

表9-3 实施评估的操作步骤

序号	步骤	具体说明
1	现场评估	按照评估计划,评估团队深入酒店各区域进行实地考察,记录酒店服务过程中的细节,如员工服务态度、服务效率、环境卫生等
2	数据收集	通过问卷调查、客户访谈等方式收集客户对酒店服务的直接反馈;同时,利用酒店管理系统等工具收集服务过程中的相关数据,如客户入住率、投诉处理率等

4. 数据整理与分析

数据整理与分析的操作步骤如表9-4所示。

表9-4 数据整理与分析的操作步骤

序号	步骤	具体说明
1	数据整理	对收集到的各类数据进行分类、整理,形成系统化的评估资料库
2	数据分析	运用统计软件、数据分析软件等工具对整理后的数据进行深入分析,识别酒店在服务质量和客户体验方面的亮点与不足。特别关注客户反馈中的共性问题和高频问题,以及服务数据中的异常波动点

5. 编写评估报告

编写评估报告的操作步骤如表9-5所示。

表9-5 编写评估报告的操作步骤

序号	步骤	具体说明
1	总结评估结果	基于数据分析结果,客观总结酒店服务质量的整体状况,明确指出存在的问题和不足
2	提出改进建议	针对评估中发现的问题,结合酒店实际情况和客户需求,提出具体、可行的改进建议。这些建议应涵盖服务流程优化、员工培训提升、设施设备改造等多个方面
3	明确整改措施	为每项改进建议制订详细的实施计划,包括责任部门、责任人、完成时间等,以确保整改措施得到有效执行
4	分享与反馈	将评估报告提交给酒店管理层及相关部门,组织召开评估总结会议,分享评估成果,听取各方意见,共同推动酒店服务质量的持续改进

四、评估结果的应用

评估流程完成后,其核心价值在于将评估结果转化为实际行动,以推动酒店服务质量和客户满意度的不断提升。

对于酒店来说,评估结果一般应用在图 9-20 所示的几个方面。

图 9-20 评估结果的应用

1. 问题整改

酒店可以根据评估结果,以及评估中发现的问题,制定具体的整改措施并落实。具体操作步骤如表 9-6 所示。

表 9-6 问题整改的操作步骤

序号	步骤	具体说明
1	深入分析问题	对评估报告中指出的问题进行深入分析,明确问题的性质、根源及影响范围。这有助于精准定位问题,为后续整改措施的制定提供有力依据
2	制定整改方案	针对每个具体问题,制定具体、可行的整改方案。方案应明确整改目标、具体措施、责任部门、责任人及完成时间等要素,确保整改工作有计划、有步骤地进行
3	落实整改措施	在整改方案确定后,立即组织相关人员实施整改措施。过程中需加强监督与检查,确保各项措施得到有效执行。同时,建立问题整改台账,记录整改进展情况,便于后续跟踪与评估
4	评估整改效果	整改完成后,需对整改效果进行评估。通过复查、客户回访等方式,验证问题是否得到有效解决,服务质量是否得到提升。对于未达到预期效果的整改措施,需及时调整方案,持续推动问题整改

2. 培训员工

评估结果可以用于识别员工培训和发展的需求,以提高他们的技能水平和工作表现。具体操作步骤如表 9-7 所示。

表 9-7　培训员工的操作步骤

序号	步骤	具体说明
1	明确培训需求	根据评估结果和客户需求，明确员工培训的重点领域。这包括但不限于服务技能、沟通技巧、职业素养、应急处理等方面
2	设计培训课程	结合培训需求，设计具有针对性、实用性的培训课程。课程内容应紧密结合酒店实际情况，注重理论与实践相结合，提高培训的针对性和实效性
3	组织培训活动	定期或不定期地组织员工培训活动，邀请行业专家、资深员工等担任讲师，采用案例分析、角色扮演、模拟演练等多种教学方式，激发员工学习兴趣，提升培训效果
4	评估培训成果	培训结束后，通过考试、实操考核等方式对培训成果进行评估。同时，关注员工在实际工作中的表现及变化，评估培训对员工服务质量和客户满意度的提升效果

3. 完善制度

评估结果可以揭示现有流程、产品和服务中的不足之处，并为酒店带来创新的机会。酒店管理者可以通过分析这些信息，完善酒店的管理制度和服务流程。具体操作步骤如表 9-8 所示。

表 9-8　完善制度的操作步骤

序号	步骤	具体说明
1	审视现有制度	以评估结果为依据，对酒店现有的管理制度和服务流程进行全面审视。识别出与客户需求、服务质量提升不相适应的制度条款和流程环节
2	修订完善制度	针对发现的问题和不足，对现有制度进行修订和完善。优化服务流程，明确岗位职责，强化制度执行力，确保酒店运营管理的规范化和标准化
3	加强制度宣传	通过内部会议、培训活动等方式，加强对新修订制度的宣传和推广。确保每位员工都能充分了解并遵守制度要求，形成良好的制度执行氛围

4. 客户反馈

将评估结果和整改措施及时告知客户，可以了解客户对酒店提供的产品或服务的满意度和期望值等信息，这将有助于酒店改进服务质量，提高客户忠诚度的同时增加收入。具体操作步骤如表 9-9 所示。

表 9-9 客户反馈的操作步骤

序号	步骤	具体说明
1	及时告知评估结果	通过邮件、短信、社交媒体等多种渠道，将评估结果和整改措施及时告知客户。展现酒店对服务质量的重视和持续改进的决心
2	收集客户反馈	鼓励客户对评估结果和整改措施提出意见和建议。通过客户反馈了解客户对酒店服务的真实感受和需求变化，为后续服务质量的提升提供参考
3	增强客户信任度	通过积极回应客户反馈、及时解决问题和持续改进服务质量等方式，增强客户对酒店的信任度和忠诚度。促进酒店与客户之间的良好互动和合作关系的建立

第十章
酒店创新与发展

第一节　酒店行业趋势分析

酒店行业正面临诸多机遇和挑战。酒店管理者需要抓住时代发展的脉搏，不断创新和进化以适应市场需求的变化。同时注重品牌化、数字化转型，以及绿色环保和可持续发展等方面，以在竞争激烈的市场中立于不败之地。

一、市场增长与供需变化

1. 市场增长

随着中国经济进入高质量发展阶段，旅游业的快速发展和人们生活水平的提高，酒店市场呈现稳步增长的趋势。据相关数据，仅 2024 年上半年，国内出游人次达 27.25 亿，同比增长 14.3%；国内游客出游总花费 2.73 万亿元，同比增长 19.0%。这一增长趋势为酒店市场注入了强劲的市场活力。

2. 供需变化

供给方面，酒店数量加速增长，尤其是中低端酒店和非标准住宿的恢复速度更快。截至 2023 年 12 月 31 日，中国住宿业设施总数为 611540 家，客房总规模 18049137 间。其中酒店业设施 323239 家，客房总数 16498010 间。

需求方面，休闲与商旅需求持续分化，休闲需求维持较强的增长势能，而商旅需求受宏观经济和办公习惯变化的影响，恢复相对较慢。

二、消费升级与品牌化

1. 消费升级

消费者对酒店服务品质的要求不断提高，推动中高端酒店市场快速增长。这些酒店通过提供舒适、高品质的住宿体验和服务，吸引了大量消费者。

中高端酒店市场也呈现出多元化、个性化的特点，满足了不同消费者的需求。

2. 品牌化

品牌酒店通过提供标准化、高质量的服务和设施，吸引了大量消费者。头部酒店集团依靠资金、渠道、品牌等多维度优势，在危机中逆势加速扩张，提升了市场占有率。

酒店连锁化率不断提升，截至2023年底中国酒店连锁化率首次突破40%，但与美国等发达国家相比仍有差距，未来有望进一步提升。

三、数字化转型与科技创新

1. 数字化转型

酒店业正在加速数字化转型，通过引入大数据、人工智能等技术手段，提高服务质量和效率。数字化转型也为酒店带来了更多的营销和宣传渠道，提高了品牌知名度和市场竞争力。

比如，在线预订系统、客户关系管理系统、易耗品供应链采购系统等数字化系统的应用，使酒店能够更好地了解客户需求，提供个性化服务。

2. 科技创新

智能化成为酒店发展的重要趋势。酒店通过引入智能设备和服务，如语音控制窗帘、空调、灯光等，以及自助入住机、机器人等智能设备，提升了客人的入住体验。

智能化应用还帮助酒店沉淀数据资产，有助于预测未来走向，辅助酒店运营。

四、低碳环保与绿色转型

1. 低碳环保

将低碳环保理念融入酒店建设和经营之中，成为一种创意和时尚。对于酒店来说，选择节能减排、低碳环保，不只是履行企业的社会责任、响应政府的号召，更是以一种全新视角来审视流程、定位、行业、供应链、价值链，从而降低成本、增加效益、创造价值并构建自己的竞争优势。这不仅能凸显酒店企业的社会责任，为酒店塑造良好的社会形象，更能降低酒店运营成本，提升酒店企业的盈利能力。

2. 绿色转型

在碳达峰、碳中和的大背景下，住宿和餐饮业面临着压力和挑战，同时也孕育着新的机遇。如何在保护环境的同时，实现行业的可持续发展，成为酒店行业亟待解决的共性难题。

如何破题？答案就是：转型，走绿色可持续发展之路。"绿色"不仅是国家经济发展的主脉络，更是酒店行业发展的主脉络。

酒店的绿色化包括酒店经营的绿色化、酒店管理的绿色化、酒店客人消费的绿色化、酒店工程的绿色化等多个方面。

五、下沉市场与差异化竞争

1. 下沉市场

下沉市场成为酒店业新的增长点。随着国内旅游市场的不断扩大和消费升级趋势的延续，下沉市场的消费者对高品质住宿的需求也在不断增加。

酒店在进入下沉市场时，需要制定适合当地市场的营销策略和产品定位，以满足当地消费者的需求。

2. 差异化竞争

在竞争激烈的酒店市场中，差异化竞争成为酒店脱颖而出的关键。酒店可以通过提供独特的住宿体验和服务、打造个性化品牌形象等方式来吸引消费者。

第二节　酒店创新策略

酒店行业的创新与发展是推动整个旅游业乃至服务业持续繁荣的关键驱动力。在快速变化的市场环境中，酒店需要通过不断创新来适应消费者日益增长的多元化、个性化需求，同时保持竞争力并实现可持续发展。

一、技术创新

酒店行业的创新发展离不开技术创新。通过不断引入和应用新技术，酒店可以提升服务质量和运营效率，满足消费者的多样化需求，从而在激烈的市场竞争中脱颖而出。

1. 人工智能的应用

随着人工智能技术的不断发展，其在酒店中的应用也越来越广泛。人工智能通过模拟人类的智能行为，让酒店能够提供更加智能化和个性化的服务。

① 在酒店客房服务中，人工智能可以通过语音识别和自然语言处理技术，实现与客户的交互和沟通。客户可以通过与智能助手对话，直接提出需求并得到满足。

比如，客户可以用智能助手控制房间的电灯、空调和电视等设备，实现智能化的居住体验。

② 除了客房服务，智能助手和机器人可以通过人脸识别技术，识别客户的身份并提供个性化的服务。它们可以提供酒店信息查询、旅游景点推荐、订餐服务等功能，为客户提供更加便捷和高效的体验。

③ 在提升客户体验和提供个性化服务方面，人工智能可以通过分析客户的行为和偏

好，了解客户的需求并提供相应的推荐和建议。

比如，根据客户的历史订单和喜好，酒店可以智能化地推荐符合客户兴趣的餐厅或旅游景点，提升客户的满意度和忠诚度。

2. 物联网的应用

物联网是指通过互联网连接和交流的物理设备与对象之间形成的网络。在智能化酒店中，物联网技术可以将酒店内的各种设备和系统连接起来，实现智能化和自动化的管理与控制。

① 在酒店设备管理和维护方面，物联网通过连接传感器和设备，实时监测设备的运行状态和维修需求。酒店可以通过集中监控和远程控制，及时发现和解决设备故障，提高设备的可靠性和维护效率。

② 在酒店的安防系统和能源管理方面，酒店可以运用物联网技术监测设备和环境数据，实现智能化的安全监控和节能管理。

比如，通过感知人员的行为和异常情况，物联网监控系统可以及时发出警报并采取相应的措施，确保酒店的安全和顺利运营。同时，酒店还可以利用物联网技术进行智能化的能源管理，实现对电力、水资源等的合理利用，降低酒店的能源消耗和环境影响。

③ 在酒店客户体验和智能化设施方面，酒店可以利用物联网技术连接客房和酒店设施，提供更加智能化和便捷的服务。同时，物联网技术还可以实现客房的自动化清洁和维护，提高客户的满意度和服务质量。

3. 大数据技术的应用

大数据技术是指对海量、多样化和复杂数据进行收集、存储、处理和分析的技术与方法。在智能化酒店中，大数据技术可以帮助酒店更好地理解客户需求、优化运营决策、提高安全管理的效果。

① 在客户需求分析和预测方面，酒店可以运用大数据技术分析客户的历史数据、行为轨迹和偏好，挖掘出潜在的需求和趋势，并根据这些数据提供个性化的推荐和定制化的服务，提高客户的满意度和忠诚度。同时，通过对客户数据进行实时分析，酒店可以预测客房入住率、需求高峰和低谷等信息，优化酒店的资源配置和运营计划。

② 在运营和营销决策方面，大数据技术可以为酒店提供全面的数据支持和决策依据。借助大数据技术对销售数据、市场数据和竞争数据进行分析，酒店可以了解市场趋势、竞争优势和改进空间，制定更加科学和有效的营销策略。同时，大数据技术还可以帮助酒店监测和评估各项运营指标，提高酒店的运营效率和盈利能力。

③ 在安全管理和风险控制方面，酒店可以运用大数据技术监测和分析大量的安全数据和风险信息，实现对酒店安全状况的实时监控和预警。

比如，通过监测客房内的传感器数据和视频监控，酒店可以及时发现异常情况和安全隐患，并采取相应的预防措施。

同时，还可以通过大数据技术分析客户的信用数据和行为模式，识别潜在的欺诈风险和虚假订单，提高酒店的安全性和信誉度。

4. VR（虚拟现实）与 AR（增强现实）技术的应用

VR 与 AR 技术在酒店业中的应用正在不断创新和扩展，为客户提供更加丰富和个性化的住宿体验。

VR 技术能够为客户提供身临其境的预览体验。客户无须亲自到酒店，只需佩戴 VR 设备，就能在家中轻松预览酒店的房间布局、装修风格以及各类设施。他们可以像真正入住一样，在虚拟环境中自由行走、探索每一个角落，甚至还能打开窗户，感受窗外的风景和气息。这种预览方式不仅让客户在预订时更加放心，也增加了他们对酒店的期待和好感。

而 AR 技术的应用则更加神奇。通过 AR 技术，酒店可以将当地的风景"搬"到客户的房间内。客户只需通过手机或 AR 眼镜，就能看到房间墙壁上呈现出的美丽景色。他们可以"走进"虚拟的风景区，欣赏当地的山川河流、历史文化遗迹等，仿佛身临其境一般。这种体验不仅让客户在房间内就能感受到当地的风土人情，也增加了他们的旅行乐趣和满足感。

比如，万豪国际酒店集团与 VR 技术公司合作，开发了一款名为"万豪VR体验"的应用。这款应用允许客户在家中就能通过VR设备提前预览酒店的房间、设施甚至周边环境。客户可以身临其境地感受不同酒店的独特氛围，从而做出更明智的预订决策。此外，万豪国际酒店集团还利用 VR 技术为客户提供虚拟旅行体验。客户可以通过VR设备"参观"酒店所在城市的著名景点，了解当地的文化和历史。这种体验不仅让客户在入住前就能对目的地有所了解，还为他们的旅行增添了更多乐趣。

又如，希尔顿酒店集团则将AR技术应用于客户的导览服务中。他们开发了一款名为"希尔顿AR导览"的应用，客户在入住后可以通过手机或平板电脑下载并使用。这款应用能让客户在房间内欣赏到酒店所在城市的著名景点和文化地标。客户只需将手机或平板电脑对准特定区域，即可看到相关的虚拟图像和信息。此外，希尔顿酒店集团还利用AR技术为客户提供互动式的客房服务。例如，客户可以通过AR设备查看客房内的各种设施和设备的使用方法，以便更快地适应环境。同时，AR技术还可以帮助客户找到他们需要的设施和服务，如健身房、餐厅等。

二、服务创新

酒店是现代人休闲和旅游的不可或缺的场所，人们越来越注重旅游的质量与体验，而提升酒店服务质量、客户体验已经成为酒店业的核心目标。为了满足客人的需求，酒店也应不断进行服务创新。

1. 文化特色的应用

为了让客人在短暂的停留中深刻感受到目的地的文化魅力，酒店应积极主动地展现当地文化特色，为客人打造一段文化与美景交相辉映的旅程。具体措施如图 10-1 所示。

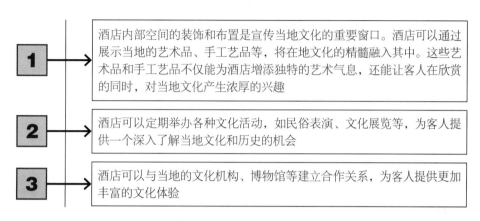

图 10-1　文化特色的应用措施

2. 沉浸式体验的应用

对于酒店行业而言，积极借鉴沉浸式体验的理念，是创新服务的绝佳机遇。将沉浸式体验的打造手法融入客人住宿体验的打造中，让客人在酒店的每一刻停留都充满惊喜与沉浸感，是未来酒店行业发展的重要方向。

（1）主题设计

在酒店行业中，为了吸引并留住客人，一个独特且引人入胜的主题显得至关重要。这不仅能为酒店树立独特的品牌形象，还能为客人带来一次难忘的体验。因此，酒店打造沉浸式体验的首要任务是确立一个独特且引人入胜的主题。一旦主题确定，酒店的设计和装修就可以全面围绕这一主题展开。设计师们会深入研究主题的内涵和特色，从而运用与之相符的元素和细节来打造酒店的每一个角落。

> **小提示**
>
> 酒店可在客房、公共区域等各个角落融入主题元素和细节，如艺术品、装饰品等，让客人在酒店的每一个角落都能感受到主题氛围。

（2）服务体验

酒店服务无疑是构建沉浸式体验的核心要素，它直接影响着客人对酒店的整体印象和满意度。酒店应为员工提供全面的专业培训,确保他们不仅具备扎实的专业知识,还能展现出热情周到的服务态度。这种态度应该贯穿于服务的每一个环节,让客人从入住到离店都能感受到酒店员工的亲切关怀和真诚服务。

（3）主题活动

在酒店行业中,丰富多彩的活动是吸引客人并提升他们体验感的重要策略之一。酒店可根据自身的主题特色和客人的个性化需求,策划一系列有趣且富有创意的活动。主题派对是酒店活动中的一大亮点,根据酒店的主题,如海滨度假、文化艺术等,可以举办各种风格独特的主题派对。客人可以在派对中尽情享受音乐、美食和娱乐,感受酒店独特的文化氛围。同时,主题派对也是客人交流互动的好机会,让他们能够在轻松愉快的氛围中结识新朋友。

> **小提示**
>
> 酒店可以与当地景点、景区建立合作关系,为客人提供便捷的旅游服务,比如为客人提供门票预订、交通接送等一站式服务,让客人的旅行更加轻松和便捷。这种合作模式不仅为客人提供了更加丰富的旅游选择,还能够促进酒店与景区之间的互利共赢。

3. 个性化服务的应用

酒店的个性化服务是指酒店根据客人的独特需求、偏好和期望,为其提供量身定制的服务体验。这种服务模式旨在超越传统的一刀切服务方式,通过深入了解客人,为他们创造更加贴心、专属和难忘的住宿体验。酒店个性化服务的具体实践如表10-1所示。

表10-1 个性化服务的应用

序号	应用范围	具体说明
1	预入住服务	（1）在客人到达前,根据其预订信息和个人偏好准备一封温馨的欢迎信,介绍酒店特色、周边景点及注意事项 （2）根据客人的特殊要求（如准备鲜花、水果、儿童用品等）提前布置房间,营造个性化的入住环境
2	客房服务	（1）通过分析客人入住记录或主动询问,了解客人的睡眠习惯（如枕头软硬、房间温度）、饮食偏好等,并在其后续入住时自动调整 （2）提供可调节的灯具、窗帘等,让客人根据自己的喜好自由控制客房环境
3	餐饮服务	（1）为有特殊饮食需求的客人提供私人订制菜单,确保他们能在酒店享受到美味且安全的食物 （2）根据客人的兴趣或在对客人有纪念意义的日子（如生日、结婚纪念日）安排特色主题晚宴,提供定制化的餐饮体验

续表

序号	应用范围	具体说明
4	休闲娱乐	（1）为客人提供个性化的休闲娱乐活动，如定制化的SPA体验、私人教练指导的健身课程等 （2）为家庭客人提供丰富的亲子活动，如儿童乐园、亲子烹饪课程等，让家庭成员在旅途中也能享受亲密时光
5	商务支持	（1）为商务客人提供打印、复印、传真等商务支持服务，以及会议安排、翻译等增值服务 （2）根据商务客人的需求，为其提供不同风格和功能的工作空间，如安静的书房、配备先进设备的会议室等
6	情感关怀	（1）在客人的重要日子（如生日、结婚纪念日）送上祝福和惊喜礼物，让客人感受到酒店的关怀和温暖 （2）通过与客人的互动，了解他们的需求和感受，及时提供帮助和支持，与客人建立深厚的情感联系

三、模式创新

酒店行业是旅游和服务业的重要组成部分，随着社会经济的发展和人们对旅游需求的增加，酒店行业也呈现出快速发展的趋势。然而，传统的酒店业务模式在满足旅客需求方面存在一些问题，因此，酒店业务模式创新成为行业的关注焦点。

1. 自助服务酒店

随着科技的进步和人们自助化服务需求的增加，自助服务酒店应运而生。

比如，客人可以通过自助终端完成预订、入住等流程，不再需要人工接待；结账时也可以通过自助终端完成，更加方便快捷。

自助服务酒店极大地满足了现代人的个性化需求，对于那些注重效率、喜欢自主操作的人来说，是一种很好的选择。

2. 共享经济酒店

随着共享经济的兴起，共享经济酒店也逐渐成为一种新的酒店业务模式。共享经济酒店以共享空间为核心，通过将酒店客房转化为共享空间，向更多的旅客提供住宿机会。这种模式不仅解决了城市内住宿资源有限的问题，也为客人提供了低价、灵活的住宿选择。

例如，一些共享经济酒店平台将闲置的房间转租给旅客，使人们能够以更低的价格获得舒适的住宿环境。

共享经济酒店模式的出现不仅改变了传统酒店的业务模式，也给旅游者提供了更多选择的机会。

第三节 酒店持续发展规划

酒店业可持续发展的意义是酒店企业的扩张与发展应与外部社会环境、行业环境相适应,谋求社会效益和经济效益的有机统一,追求长远、持续、稳定、协调的发展,实现酒店企业、社会、国家全面协调发展。这就要求酒店管理者做好持续发展规划。

一、战略规划与目标设定

在酒店管理领域,战略规划与目标设定是确保酒店成功运营和持续发展的关键因素。通过制订可行的战略规划和明确的目标,酒店可以在竞争激烈的市场中站稳脚跟,并实现营业额可持续增长。具体步骤如图 10-2 所示。

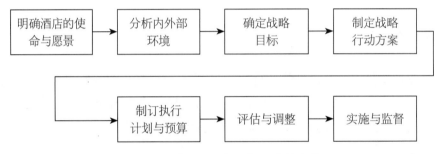

图 10-2 战略规划与目标设定的步骤

1. 明确酒店的使命与愿景

① 使命。定义酒店存在的目的和价值,即酒店为何存在以及它对社会的贡献。
② 愿景。描绘酒店未来发展的理想状态,包括期望达到的市场地位、品牌形象等。

2. 分析内外部环境

酒店内外部环境分析的主要内容如表 10-2 所示。

表 10-2 酒店内外部环境分析的内容

序号	内容	具体说明
1	内部环境分析	(1)评估酒店的组织架构是否合理,能否支持战略目标的实现 (2)分析员工队伍的结构、素质和潜力,以及培训和发展需求 (3)评估酒店的财务状况,包括收入、成本、利润和现金流等 (4)审视酒店的品牌知名度和美誉度,以及服务质量和客户满意度

续表

序号	内容	具体说明
2	外部环境分析	（1）关注宏观经济状况对旅游业和酒店业的影响 （2）分析目标客户群体的需求变化和趋势 （3）评估竞争对手的优劣势和市场占有率，以及潜在的新进入者 （4）了解政府对旅游业和酒店业的政策导向和法规要求

3. 确定战略目标

根据内外部环境分析的结果，结合酒店的使命和愿景，确定具体的战略目标。目标设定应遵循 SMART 原则。

比如，设定销售目标时可以定义为"在下一个财年内，提高客房预订率15%"。

酒店管理者在设定目标时，应注意表10-3所示的几个事项。

表 10-3 设定目标应注意的事项

序号	注意事项	具体说明
1	与愿景和战略方向一致	确保设定的目标与酒店的愿景和战略方向保持一致，以支持酒店的长期发展
2	可量化与可衡量	尽可能将目标量化为具体的数字或指标，以便跟踪和评估目标达成情况
3	考虑市场与竞争环境	在设定目标时，要充分考虑市场环境和竞争态势，确保目标具有挑战性和可实现性
4	激励员工	设定明确的目标可以激发员工积极性，提高其工作效率和质量。因此，在设定目标时，要充分考虑员工的参与度和反馈

4. 制定战略行动方案

为实现战略目标，酒店管理者应制定具体的行动方案，包括但不限于图10-3所示的几点。

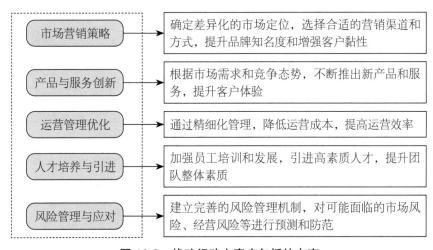

图 10-3 战略行动方案应包括的内容

5. 制订执行计划与预算

将战略行动方案细化为具体的执行计划和预算,明确责任人和时间节点,确保战略得到有效实施。

6. 评估与调整

定期对战略规划的实施效果进行评估,发现问题及时调整和优化。保持战略规划的灵活性和适应性,以应对外部环境的变化和内部条件的调整。

7. 实施与监督

在战略规划的实施过程中,加强监督和控制,确保各项措施得到有效执行。同时,建立反馈机制,及时了解战略执行过程中出现的问题和困难,并采取相应的解决措施。

二、资源整合与协同发展

酒店的资源整合与协同发展是提升酒店竞争力、实现长期可持续发展的重要途径。

1. 酒店资源整合

酒店资源整合是指将酒店内部和外部的各种资源进行有效整合,以优化资源配置,提升酒店整体运营效率和服务质量。具体内容如表 10-4 所示。

表 10-4 酒店资源整合的内容

序号	内容	具体说明
1	内部资源整合	(1) 人力资源整合:通过培训、激励和绩效考核等手段,提升员工的专业技能和服务水平,实现人力资源的优化配置 (2) 物质资源整合:对酒店的设施、设备、物资等进行统一管理和调度,避免资源浪费,提高使用效率 (3) 信息资源整合:建立信息共享平台,实现酒店内部各部门之间的信息互通,提高决策效率和执行力
2	外部资源整合	(1) 供应链整合:与供应商建立长期稳定的合作关系,优化采购渠道,降低采购成本,提高供应链的响应速度和灵活性 (2) 合作伙伴整合:与旅游、餐饮、交通等相关行业的企业建立战略合作关系,共享客户资源,拓展市场渠道,实现互利共赢 (3) 社会资源整合:利用政府、行业协会等社会资源,获取政策支持和行业信息,提升酒店的品牌形象和市场竞争力

2. 协同发展

酒店的协同发展是指酒店通过与其他相关产业的合作，实现资源共享、优势互补和协同发展。具体体现在图 10-4 所示的几个方面。

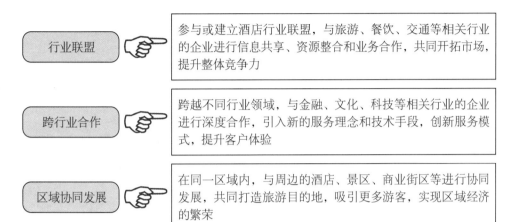

图 10-4　协同发展的体现

3. 实现路径

为了实现酒店的资源整合与协同发展，可以采取表 10-5 所示的路径。

表 10-5　资源整合与协同发展的实现路径

序号	内容	具体说明
1	明确战略目标	根据市场环境和自身资源条件，明确酒店的战略目标和发展方向。确保资源整合和协同发展的各项工作都围绕战略目标展开
2	建立组织机构	成立专门的资源整合与协同发展部门或工作小组，负责协调和管理相关工作。确保各项工作的顺利推进和有效落实
3	制定实施方案	制定详细的实施方案，明确各项工作的具体任务、时间节点和责任人。确保各项工作的有序进行和有效执行
4	加强沟通协作	加强内部沟通和协作，确保各部门之间信息畅通和协同作战。同时，加强与外部合作伙伴的沟通和协作，共同推动资源整合与协同发展工作的深入开展
5	持续评估与改进	建立定期评估机制，对资源整合与协同发展工作的成效进行评估。根据评估结果及时调整和优化工作方案，确保各项工作的持续改进和不断提升

三、环境保护与可持续发展

可持续发展已经成为全球各行各业的重要议题,酒店业也不例外。作为一个对环境和社会有着直接影响的行业,酒店应该积极采取措施,实现可持续发展。具体如图10-5所示。

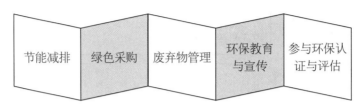

图 10-5　酒店实施环保可持续发展的策略

1. 节能减排

酒店业需要加强节能减排意识,并具体实施如限电、严格控制空调使用等措施,在减少能源消耗的同时减少对环境的污染。具体措施如表10-6所示。

表 10-6　节能减排措施

序号	措施	具体说明
1	能源管理	(1)酒店应使用节能灯具、变频空调、节水马桶等节能设备,减少能源消耗 (2)引入智能电力管理系统、中央空调调控系统等,实现对能源使用的精确控制和优化 (3)在建筑和装修过程中,使用环保、可再生的建筑材料,减少对环境的影响
2	水资源管理	(1)安装节水淋浴头、节水洗手池等节水装置,减少水资源的浪费 (2)设置雨水收集系统,将雨水用于花园灌溉、洗手间冲水等 (3)安装污水处理系统,将废水进行处理后循环利用

2. 绿色采购

绿色采购,又称环境采购或生态采购,是指企业在采购过程中,充分考虑环境保护、资源节约、安全健康、循环低碳和回收促进等因素,优先采购和使用节能、节水、节材等有利于环境保护的原材料、产品和服务的行为。在酒店业中,绿色采购意味着酒店应优先采购那些对环境影响小、资源消耗低、可回收或可降解的产品和服务。

酒店实行绿色采购的措施如表10-7所示。

表 10-7　绿色采购措施

序号	措施	具体说明
1	制定绿色采购制度	酒店应制定详尽的绿色采购制度，明确绿色采购的目标、原则、标准和程序等
2	选择绿色供应商	酒店应优先选择那些具有环保认证、生产绿色产品的供应商合作。在选择供应商时，可以考虑其环保管理体系、产品环保性能、环境表现等因素
3	推广绿色产品和服务	酒店应积极推广绿色产品和服务，如使用可降解的餐具、提供环保型客房用品等。同时，可以通过宣传和教育活动，引导消费者选择绿色产品和服务
4	建立绿色采购评价体系	酒店应建立绿色采购评价体系，对供应商的环境表现进行评估和考核。通过定期检查和评估，可以督促供应商不断改进其环境行为，提高产品质量和环保性能

> **小提示**
>
> 酒店实行绿色采购时，应加强供应链管理，与供应商建立长期合作关系，要求供应商遵守环保标准，减少包装浪费。鼓励供应商采用环保的生产方式和包装方式，共同推动绿色供应链的发展。

3. 废弃物管理

酒店的日常经营，以及客人的入住、会议和用餐等行为，都会产生废弃物。而酒店作为"临时居所"这一特征，使得大量一次性用品被使用，并产生浪费。因此，酒店应做好废弃物管理。具体措施如表 10-8 所示。

表 10-8　废弃物管理措施

序号	措施	具体说明
1	严格分类	酒店废弃物种类繁多，包括厨余垃圾、生活垃圾、可回收物、有害垃圾等。为了有效管理这些废弃物，酒店应实行严格的分类制度，设立分类收集系统，将可回收物、有害垃圾和其他垃圾分开收集，鼓励员工和客人参与垃圾分类
2	资源化利用	对于可回收物，应进行分类回收和再利用，减少资源浪费。酒店可以与专业的回收机构合作，实现废弃物的资源化利用
3	减少废弃物产生	合理安排菜品、科学管理厨余垃圾，减少厨余垃圾的产生；减少或取消一次性用品的使用，推广使用可重复使用的物品

4. 环保教育与宣传

酒店应积极开展环保教育与宣传活动，增强员工和客人的环保意识。具体措施如表10-9所示。

表10-9　环保教育与宣传措施

序号	措施	具体说明
1	员工培训	（1）酒店应定期对员工进行环保知识培训，包括节能减排、资源循环利用、垃圾分类等方面的内容。通过培训，提高员工的环保意识和操作技能，使其在日常工作中能够积极践行环保理念 （2）邀请环保专家或行业协会代表到酒店举办讲座和交流，分享最新的环保技术和经验，拓宽员工的视野和知识面
2	组织环保活动	（1）组织员工参与环保公益活动，如植树造林、海滩清洁、环保宣传等。通过实践活动，增强员工的环保责任感和使命感 （2）开展环保知识竞赛、环保创意大赛等活动，激发员工的创新思维和环保热情，促进环保文化的传播和普及
3	向客人宣传	（1）在酒店大堂、餐厅等公共区域摆放环保宣传海报、手册等宣传材料，向客人介绍酒店的环保措施和环保理念 （2）利用酒店内部的电子屏幕、电视等设备播放环保宣传片和公益广告，提高客人的环保意识和参与度
4	绿色倡议	（1）向客人发出绿色倡议，鼓励他们在入住期间减少一次性用品的使用、节约用水用电、参与垃圾分类等环保行为 （2）提供环保小贴士和绿色消费指南，引导客人选择环保产品和服务，共同推动绿色消费和可持续发展

5. 参与环保认证与评估

酒店参与环保认证与评估是提升环保形象、促进可持续发展的重要途径。通过积极参与环保认证和评估工作，酒店可以不断完善自身的环保管理体系和措施，为客人提供更加健康、舒适、环保的住宿体验。

① 环保认证。参与绿色酒店认证、**LEED**（能源与环境设计先锋）认证等环保认证计划，提升酒店的环保形象和可持续发展水平。

② 定期评估。定期对酒店的环保成效进行评估和监测，确保各项环保措施得到有效执行并持续改进。

第四节　社会责任与公益活动

酒店行业在社会经济发展中扮演着重要的角色，不仅要为人们提供舒适的住宿环境，同时也应该承担起相应的社会责任和义务。作为一个与社区、环境和公众密切联系的行业，酒店业应该积极参与各种公益活动，促进社会公平和可持续发展。

一、诚信经营与依法纳税

1. 诚信经营

诚信经营是酒店业健康发展的基石。这意味着酒店必须严格遵守国家法律法规，包括但不限于《中华人民共和国消费者权益保护法》《中华人民共和国食品安全法》，以及消防安全规定等，确保所有经营活动均在法律框架内进行。同时，酒店应秉持公平竞争的原则，不采用不正当竞争手段，如虚假宣传、价格欺诈等，以维护健康的市场环境。通过诚信经营，酒店能够树立良好的企业形象和声誉，赢得消费者的信任与忠诚，为长期发展奠定坚实的基础。

2. 依法纳税

在税收方面，酒店应严格遵守税法规定，按时足额缴纳税款，为国家的经济建设和社会发展做出积极贡献。同时，酒店还应积极参与税收宣传活动，倡导诚信纳税，推动税收法治建设。

二、员工关怀与权益保障

1. 保障员工权益

酒店应遵守劳动法律法规，保障员工的合法权益。
① 应提供安全、健康的工作环境，合理安排员工工作时间和休息休假时间，确保员工的身心健康。
② 应支付合理的劳动报酬和福利待遇，提高员工的工作积极性和满意度。

2. 提供培训与发展机会

酒店应重视员工的职业发展和成长需求。
① 应提供必要的培训和学习机会，帮助员工提升职业技能和素质。
② 应建立公平的晋升机制和激励机制，鼓励员工积极进取、勇于创新。

三、社区建设与公益事业

1. 支持社区建设

酒店作为社区的一员，应积极参与社区建设，为当地社区带来积极的影响。通过提供就业机会，酒店不仅可以解决部分居民的生计问题，还能促进当地经济的繁荣。同时，酒店还可以利用自身资源，为社区居民提供职业技能培训，提升他们的就业竞争力。

2. 推动公益事业

关注社区的发展需求，是酒店履行社会责任的重要体现。酒店可以通过与社区组织合作，共同开展公益活动，如环保项目、教育支持、扶贫济困等，为社区的可持续发展贡献力量。此外，酒店还可以通过向慈善机构捐款、设立公益基金等方式，为需要帮助的人群提供物质和精神上的支持。

四、文化传承与创新发展

1. 文化传承

酒店作为文化传播的窗口，承担着传承和弘扬当地文化的重要使命。酒店应尊重和保护当地的文化遗产，以及与当地文化相关的建筑、风俗和习惯。在设计和装修过程中，酒店可以融入当地的文化元素，如传统建筑风格、民族装饰艺术等，让客人在住宿过程中感受到浓厚的文化氛围。

此外，酒店还可以通过举办文化活动、展览等方式，向客人传递当地的文化信息。例如，酒店可以邀请当地艺术家来酒店表演或举办展览，展示当地的艺术作品和文化遗产；或者组织文化讲座、民俗体验等活动，让客人深入了解当地的历史文化和风土人情。这些活动不仅能够丰富客人的住宿体验，还能够促进文化交流与融合，为当地文化的传承和发展做出贡献。

2. 创新发展

在快速变化的市场环境中，创新是酒店保持竞争力的关键。酒店应密切关注市场动态和消费者需求的变化，不断研发新产品、新服务，以满足市场和消费者的多样化需求。

此外，酒店还应积极与行业协会、科研机构等合作，共同推动行业标准的制定和技术进步，为整个行业的健康发展贡献力量。